Karl-Eugen Kaiser

Gegenreden

...zur politisch verordneten Einheitsmeinung im postdemokratischen
System Merkel

© 2020 Karl-Eugen Kaiser

Autor: Karl-Eugen Kaiser
Verlag: tredition GmbH, Halenreie 40-44, 22359 Hamburg
ISBN: 978-3-347-10418-1

Vorwort

Das vorliegende Buch dokumentiert meine Leserbriefe, überwiegend an die Redaktion der Tageszeitung „Rhein-Zeitung", Koblenz, in der Zeit von Januar 2015 bis Juni 2019.

Als ehemaliger Abonnent und Leser dieses Blattes habe ich Berichterstattung und Kommentare zu Themen aus Politik und Gesellschaft stets kritisch verfolgt und meine, meist abweichende Meinung dazu in Form von Leserbriefen der Redaktion zur Kenntnis gebracht. Der überwiegende Teil meiner Zuschriften wurde nicht veröffentlicht.

Wegen der erkennbar, oft dreist-unverblümt zur Schau gestellten, unkritischen, verschleiernden, lückenhaften, in Teilen unwahren Berichterstattung und nach meinem Empfinden unerträglich lobhudelnden Kommentierung regierungsamtlichen Handelns, habe ich als Konsequenz daraus mein Abo zum 30.06.2019 beendet. Seitdem verzichte ich auf die Lektüre der Zeitung, sowie auf die Einsendung von Leserkommentaren.

Nach der illegalen und weiter fortdauernden Grenzöffnung im September 2015 hat sich unser Land grundlegend verändert.

Eurokrise, Trumps Präsidentschaft, Russlandsanktionen, Brexit, Energiewende, islamischer Terror, zunehmende Messer- und Gewaltkriminalität „noch nicht so lange hier Lebender", Flüchtlings-

krise, Klimahysterie, Meinungs- und Gesinnungs-
terror, Zensur in den sozialen Medien, Ausgrenzung politisch Andersdenkender, Dieselverdam-
mung und Fahrverbote, all diese Themen finden in
meinen Leserbriefen ihren Niederschlag und spie-
geln meine Sichtweisen wieder über ein Land, das
mit zunehmender Geschwindigkeit von einer un-
fähigen Regierung in den Abgrund gesteuert wird.

Nach meiner festen Überzeugung wäre eine Presse, die ihre eigentliche Aufgabe wahrnähme, nämlich die einer kritischen Betrachtung und Publizie-
rung der Regierungsarbeit, imstande, die verhängnisvollen Entwicklungen in unserem Land mit all
ihren fatalen Folgen für unser Volk zu stoppen um
damit eine Rückkehr zu Verhältnissen herbeizu-
führen, die Geist und Buchstaben einer diesem
Anspruch gerecht werdenden Demokratie entsprechen.

Bis zur Drucklegung dieses Buches ist das jedoch
weder erkennbar, noch ist eine Wende abzusehen.
Der politmediale Komplex hält eisern zusammen
und stützt sich gegenseitig. Abweichler der von
ihm definierten und verordneten Einheitsmeinung,
im Neusprech „political correctness", werden als
Rechtspopulisten, Rechtsradikale, Rechtsextremis-
ten oder gar Nazis stigmatisiert, gesellschaftlich
ausgegrenzt, als „Hetzer" an den virtuellen Pranger gestellt, ihre Existenzen bedroht, gar vernichtet
und ein Klima des „das-darf-man-nicht-mehr-
sagen" hergestellt.

Dieses Klima liegt wie Mehltau über unserem Land. Es lähmt die Gesellschaft und zerstört ihre einstige Homogenität als Voraussetzung für ein friedliches und gedeihliches Miteinander. Es spaltet soziale Gemeinschaften bis hinein in die Keimzelle unserer Gesellschaft, die Familien, und schafft (gewollt?) zwei sich zunehmend feindlich gegenüberstehende Lager aus kritiklos regierungsamtlicher Propaganda (transportiert durch die Medien) hinnehmender, besser: zum Opfer gefallener/fallender Menschen einerseits und andererseits ebendies anzweifelnder besorgter Bürger, die, den alltäglichen Wahnsinn vor Augen, nichts sehnlicher herbeiwünschen, als die Rückkehr unserer Regierung zu demokratischer Rechtsstaatlichkeit und öffentlicher Ordnung (OLG Koblenz, Februar 2017: „Der Rechtsstaat ist teilweise außer Kraft gesetzt").

Noch ist das links-grün zu verortende Medienkartell als unabdingbare Voraussetzung für Machtausübung und Machterhalt der amtierenden Regierung auf Linie. Doch mit dem zwangsläufigen Eintreten all dessen, was sich an negativen Folgen eklatanten Regierungsversagens nicht mehr verbergen lässt und zunehmend auch die „Hofjubler" selbst trifft, ist es nur noch eine Frage der Zeit, bis sich eine Entwicklung Bahn bricht, die die unheilige Allianz aus Medien, Politik, Kirchen, NGOs, Gewerkschaften und Verbänden beenden und die so dringend notwendige Wende und einleiten wird.

Vorerst jedoch wird weiterhin unser Engagement, unser Mut, unsere Standhaftigkeit und Unbeirrtheit im Kampf gegen einen scheinbar übermächtigen Feind zur Beendigung der beschriebenen Entwicklung vonnöten sein. Viel Zeit dazu bleibt uns nicht mehr, denn: „...das Unglück schreitet schnell." (Friedrich Schiller, „Das Lied von der Glocke").

Leserbrief vom 09.01.2015 an die RZ

Im Windschatten der schrecklichen Ereignisse in Paris schwelt der Konflikt in der Ostukraine weiter. Tag für Tag fallen diesem brutalen Krieg des unmenschlichen Kiewer Regimes Menschen zum Opfer. Mehrere Tausend sollen es mittlerweile sein. Eine schnelle Lösung des Konflikts wird es laut dem Bericht in Ihrer heutigen Ausgabe, in welcher sie die Aussage unserer Bundeskanzlerin zitieren, nicht geben. Wie auch, er wird ja mithilfe unserer Steuergelder am Leben erhalten und zusätzlich weiter befeuert.

Bei seinem Staatsbesuch in unserem Land hat der ukrainische Premier Jazenjuk westliche Hilfe angemahnt. Darüber hinaus hat er die Bundesregierung in provokativer Manier aufgefordert, seinem Land eine Kreditbürgschaft von 500 Millionen Euro zum „Wiederaufbau" der Ostukraine bereitzustellen. Diesem dreisten Ansinnen ist unsere Kanzlerin in devoter Art und Weise und wie zu erwarten war nachgekommen. Bei einem Fototermin Jazenjuks mit unserem Bundespräsidenten schien dieser geradezu freudig überwältigt zu sein über die Ehre des Besuchs dieses skrupellosen Schlächters des eigenen Volkes.

Woher nimmt er, Jaz, als Vertreter eines völlig bankrotten Staates überhaupt das Recht, derart unverschämt-dreiste Forderungen an uns zu stellen und warum unterstützt die Regierung unseres

Landes mit den Steuergeldern von uns Bürgern auch noch derartige Ansinnen, wo doch bekannt ist, dass die Gelder nicht zum Wiederaufbau der Donbassregion verwendet werden, deren noch verbliebene Infrastruktur er trotz vereinbarter Waffenruhe tagtäglich weiter zusammenschießen lässt, sondern zum Kauf neuer schwerer Waffen mit dem Ziel der Massakrierung des eigenen Volkes?

Wie schon Griechenland, so wird auch die Ukraine zu einem Fass ohne Boden für uns, ein weiterer Sargnagel für unser ohnehin fragiles, weil überschuldetes Finanzsystem. So hat allein Deutschland bisher Zahlungen in Höhe von 3,15 Milliarden Euro an dieses insolvente Land mit seinem korrupten Staatsapparat gezahlt. Weitere 1,8 Milliarden Euro hat die Bundeskanzlerin am Donnerstag freigegeben. Alles Gelder, über die auch wir nicht verfügen, die auch wir uns zuerst über zusätzliche Kredite beschaffen müssen. Hätte sie das Geld zum offenen Fenster rausgeworfen, so wäre zumindest kein Schaden damit angerichtet worden. An eine Rückzahlung glaubt indes kein vernünftiger Mensch in diesem Land.

Leserbrief vom 22.02.2015 an die RZ

Zu Ihrer Berichterstattung über die erneute Griechenland-Rettung

„Der Euro wird kommen, aber er wird keinen Bestand haben". Mit diesen Worten kommentierte der ehemalige Präsident der amerikanischen Zentralbank, Allen Greenspan, in den neunziger Jahren die geplante Einführung des Euro. Er hat Recht behalten. Der Euro ist gescheitert. Wie anders kann man die gigantische Konkursverschleppung als Folge des Euro in den europäischen Südstaaten und damit nicht nur in Griechenland bezeichnen? Nach der neuerlichen (der wievielten eigentlich?) Griechenland-Rettung mittels der Verlängerung des EFSF-Kredit-Programms um weitere vier Monate, wird sich danach das Gezeter, das wir während der letzten Wochen erlebt haben, in Neuauflage wiederholen.

Nach medialen Schaukämpfen der politischen Akteure wird man die Kredite erneut verlängern und wiederum schlechtem Geld gutes Steuergeld hinterherwerfen - einzig um damit Zeit zu gewinnen. Die Probleme des Euro hingegen bleiben weiter ungelöst, weil sie unlösbar sind. So steuert die Eurozone mit zunehmender Geschwindigkeit auf den Abgrund zu und keiner gebietet Einhalt. „Scheitert der Euro, dann scheitert Europa", so die Prognose unserer Bundeskanzlerin. Mit dieser Einschätzung liegt sie, wieder einmal, daneben. Der

Euro entpuppt sich zunehmend als Spaltpilz in Europa: Süd gegen Nord, Arm gegen Reich, Bürger gegen Banken, Bundesbank gegen EZB.

Profiteure des Euro sind nicht etwa die Bürger Europas, es sind wenige Reiche, die sich auf Kosten der Allgemeinheit und mit Hilfe der Zins- und Rettungspolitik der EZB ihre Bankkonten gefüllt haben. Während im Süden Staatsverschuldung, Massenarbeitslosigkeit und Armut weiter zunehmen, verkommt bei uns trotz Rekordsteuereinnahmen, Rekordverschuldung (und niedrigster Zinsen hierfür) zusehends die Infrastruktur, müssen marode Brücken gesperrt, baufällige Schulen geschlossen, dringend notwendige Straßensanierungen verschoben und wichtige Verkehrsprojekte vertagt werden.

Zudem nimmt auch in unserem Land die Armut zu, werden die Bürger durch künstlich niedrig gehaltene Zinsen schleichend enteignet, sinken die Realeinkommen der Beschäftigten und das Rentenniveau bei steigendem Renteneintrittsalter. All das sind mittelbare und unmittelbare Auswirkungen des Euro, an dem aber festgehalten wird, koste es was es wolle. Unsere Politiker sind stolz auf das Prädikat „Exportweltmeister". Nur, was bringt es uns? In früheren Zeiten baute ein vorsorglicher Staat werthaltige Goldreserven aus den Exportüberschüssen auf. Heute häufen wir stattdessen wertlose weil uneinbringliche Targetforderungen insolventer Mittelmeerstaaten an, deren Wert sich mittlerweile auf mehr als 500 Milliarden Euro beläuft, ein Wert übrigens, der mehr als das fünffache unserer Goldreserven beträgt, so diese denn noch in unserer Verfügungsgewalt sind.

Keiner wird diese Forderungen jemals bedienen. Wir können sie in den Schornstein schreiben. Stattdessen werden wir erleben, wie man uns unsere milliardenschwere Bürgschaftsverpflichtungen als Folge einer gescheiterter Euro-Rettungspolitik unter die Nase hält. Und wir werden zahlen (müssen). Auch das haben wir dem so hoch gepriesenen Friedensobjekts „Euro" zu verdanken. Wir alle können nur hoffen, dass dieser „Heilsbringer" abgewickelt wird, bevor er uns alle mit Haut und Haaren verschlingt.

Je eher desto besser, um so zu retten, was noch zu retten ist, müsste die Devise lauten.

Leserbrief vom 12.03.2015 an die RZ

In Abwandlung des bekannten Zitats von Willy Brandt, „es wächst zusammen, was zusammengehört", das er bei der Wiedervereinigung Deutschlands prägte, hat Henryk Broder im Zusammenhang mit „Pegida" mit den Worten „es wächst auseinander, was nicht zusammengehört" auf sich aufmerksam gemacht.

Das gleiche gilt auch für unsere Gemeinschaftswährung, den Euro. Euro und Europa gehören nicht zusammen. Der Euro wurde den europäischen Völkern als Friedensprojekt verkauft bzw. aufgezwungen. Er hat sich zum Zankapfel, zum Spaltpilz für Europa entwickelt, wie uns derzeit täglich in drastischer Form vor Augen geführt wird. Bei Einführung des Euro wurden die berechtigten Mahnungen seriöser Wirtschaftswissenschaftler von der Politik beiseite gefegt, die Mahner als Eurohasser und Europagegner diffamiert. „Scheitert der Euro, dann scheitert Europa", so das Mantra unserer Bundeskanzlerin, an dem sie bis heute festhält.

Sie dürfte Recht behalten. Nicht jedoch im von ihr proklamierten Sinne, indem man den Euro rettet, koste es was es wolle. Frau Merkel selbst ist maßgeblich für das Scheitern des Euro verantwortlich mit einer von ihr beförderten unsinnigen Rettungspolitik und von ihr mitgetragener, permanenter Vertragsbrüche, sowie ihrem ständigen Überschreiten selbstgezogener roter Linien. Sie selbst ist es, nicht ihre Kritiker, die letztlich mit dieser desaströsen Euro-Politik das Gegenteil dessen erreicht hat, was sie vorgab verhindern zu wollen. So hat nun das Endspiel um den Euro begonnen. Es wird sich zum Kampf aller gegen alle entwickeln. Auf der Strecke bleiben Europa und wir Bürger.

Nicht veröffentlicht.

Leserbrief vom 01.04.2015 an die RZ

In treffender Weise hat Ihr Karikaturist den Abgang Peter Gauweilers von der politischen Bühne gezeichnet. Nachdem er seine Schuldigkeit als Stimmenfänger für die CSU getan hat und nun von seinem Chef Seehofer zum Wortbruch und Verrat an seinen Wählern aufgefordert wurde, indem dieser von ihm die Zustimmung zur erneuten Griechenland-Rettung entgegen dessen eigener Überzeugung verlangte, hat er sich diesem unmoralischen Angebot verweigert und ist zudem mit seinem Rückzug einer erniedrigenden Demontage durch die Parteiführung zuvorgekommen.

Gauweiler hat standhaft mit allen ihm zur Verfügung stehenden Mitteln gegen den unsäglichen Eurorettungswahn gekämpft. Er hat sich über seine CSU-Parteigrenzen hinaus für die Einhaltung von Recht und Gesetz in unserem Land eingesetzt und letztlich resigniert, weil er einsehen musste, dass gegen die Phalanx der skrupellos Verträge und Vereinbarungen brechenden verschworenen Eurorettungs-Mafia kein Kraut gewachsen ist. Mit seinem Verhalten, mit seiner Geradlinigkeit, hat er ein Zeichen gesetzt in Zeiten, wo politische Beliebigkeit grassiert, wo das Wahlvolk nur noch als Stimmvieh zählt und von seinen Vertretern tagtäglich hinters Licht geführt wird, sofern es sich noch nicht angewidert von diesem schändlichen Possenspiel abgewandt hat.

Aber der Tag wird kommen, an dem auch diese Damen und Herren Rechenschaft werden ablegen und sich fragen lassen müssen, was sie als Einzelne dagegen getan haben. Lange wird das nicht mehr dauern.

Leserbrief vom 10.04.2015 an die RZ

Nun sind die bitteren Folgen der verhängnisvollen Sanktionen gegen Russland sowie die fehlgeleitete Eurorettungspolitik unserer Kanzlerin, für alle sichtbar, auch in unserer Region angekommen. Wie Sie in ihrer gestrigen Ausgabe berichteten, hat die traditionsreiche Kirner Firma Fuchs-Hydraulik Insolvenz angemeldet. Sie ist pleite und 20 Mitarbeiter sind vom Schicksal der Arbeitslosigkeit bedroht.

Der Geschäftsführer, Björn Fuchs, begründet die Insolvenz mit dem Wegbrechen eines Großauftrages sowie, Zitat, „...starkes Russland- und Ukrainegeschäft kam völlig zum Erliegen...und...in Südeuropa geht gar nichts mehr"! Der vielgepriesene Euro-Wirtschaftsraum verliert als Absatzmarkt für unsere Volkswirtschaft infolge dilettantischer währungspolitischer Entscheidungen völlig überforderter Politiker und maßgelblich dadurch verursachter Zahlungsunfähigkeit unserer Kunden im Süden Europas zunehmend an Bedeutung für unser Land.

Als ob das für sich genommen noch nicht genug Schaden anrichtet, setzt Frau Merkel noch eins drauf und sich an die europäische Spitze eines völlig irrationalen Wirtschaftskrieges gegen Russland. Sie schlägt einem zuverlässigen, stets in barer Münze zahlenden und sprichwörtlich vertragstreuen Wirtschaftspartner die Tür vor der Nase zu und verbietet zudem der Wirtschaft im eigenen Land den Handel mit diesem - zum Schaden unseres Volkes, wie man sieht. Während fremde Mächte beherzt in die Lücke stoßen, diese einmalig sich bietende Chance für ihre Länder ergreifen und uns ob unserer Dummheit eine lange Nase drehen, ist auch dieser gewaltige Absatzmarkt, möglicherweise für immer, für uns als exportabhängige Nation verloren.

Wie lässt sich das alles mit dem Amtseid von Frau Merkel vereinbaren, der sie verpflichtet, Schaden vom deutschen Volke abzuwenden und seinen Nutzen zu mehren? Was wir gegenwärtig erleben müssen, ist das Gegenteil dessen, was die Bundeskanzlerin bei der Übernahme ihres Amtes geschworen hat. Ich bin wütend und ratlos zugleich.

Leserbrief vom 30.05.2015 an die RZ

„Krise ohne Ende in der Ukraine", so lautet die Überschrift eines aufschlussreichen Berichts in der Samstagsausgabe Ihrer Zeitung. Dass der Autor sich in diesem Artikel um eine sachliche und objektive Schilderung der Zustände in diesem Land bemüht, ist lobenswert, hebt er sich doch angenehm von dem ab, was wir seit Beginn der Krise an einseitiger und tendenziöser Berichterstattung über uns haben ergehen lassen müssen. Dennoch halte ich es zum besseren Verständnis der diesem völlig überflüssigen Konflikt innewohnenden Problematik für notwendig, Ihren Ausführungen noch einige Fakten hinzuzufügen.

Dem Inhalt Ihres Berichtes zufolge, redete F. W. Steinmeier am Freitag auf die Kiewer Politspitzen ein, doch nunmehr endlich die Minsker Vereinbarungen vom Februar umzusetzen. Eine erstaunliche Äußerung, ist doch in unseren Medien bisher immer nur die Rede davon gewesen, die sog. prorussischen Separatisten hielten sich nicht an dieses Abkommen, Kiew hingegen richte sein Handeln streng danach aus.

Offensichtlich aber lässt sich unser Außenminister, wie schon einmal in diesem Konflikt geschehen, von der Kiewer Führung auf der Nase herumtanzen. Als Politprofis mussten doch er und unsere Kanzlerin erkennen, dass die Minsker Beschlüsse für die Herren Poroschenko und Jazenjuk nichts weiter als Makulatur, als die Vorspiegelung falscher Tatsachen waren, indem sie nur zum Schein auf die Vereinbarungen eingingen. Ihr Ziel war es von Anfang an, Zeit für die Rekrutierung von Soldaten und der massiven Aufrüstung ihrer Armee zu schinden, um letztlich mit noch größerer militärischer Schlagkraft die eigene Bevölkerung zu massakrieren. In beispielloser Unverfrorenheit bezichtigt der Kriegstreiber Jazenjuk Russland der Alleinschuld am Bürgerkrieg in der Ostukraine und unsere Politiker stimmen dieser Lüge unisono zu.

Doch nicht genug damit, wir Deutsche, die wir die sogenannten „westlichen Werte" wie eine Monstranz vor uns hertragen, machen uns in beispielloser Weise mitschuldig am Leid Tausender Ukrainer, indem wir der korrupten Kiewer Junta unsere sauer verdienten Steuer-Milliarden zum angeblichen Aufbau des bereits bankrotten Landes in den Rachen schmeißen. Jedes Kind hingegen weiß doch, dass mit diesen Krediten, mittlerweile sollen es allein aus unserem Land 4,95 Milliarden Euro sein, zuzüglich Kreditbürgschaften in Höhe von 500 Millionen Euro, nicht nur massivst aufgerüstet wird, sondern sich damit auch die ukrainischen Staatslenker emsig ihre Privatschatullen füllen. Ihrem Bericht zufolge, hat Poroschenko sein Einkommen versiebenfacht! Etwa aus dem Säckel seiner hungernden Bevölkerung, die, nebenbei bemerkt, in der Ostukraine bisher nur dank humanitärer Hilfe aus Russland überlebt hat? Nein, er bedient sich schamlos unserer Unterstützung und fordert dreist weitere Mittel ein und unsere Wirtschaft auf, in sein desolates, korruptes und insolventes Land zu investieren.

Darüber hinaus, und das ist nun wahrhaftig der Gipfel aller Unverschämtheit , unterzeichnet er ein Gesetz, das ein einseitiges Moratorium beinhaltet, wonach die Ukraine als Schuldner, ganz einfach und ohne sich vorher mit den Gläubigern geeinigt oder auch nur besprochen zu haben, die Rückzahlung seiner Schulden, entgegen den vertraglichen Vereinbarungen, auf den Tag X aussetzt. Eine Provokation sondergleichen, insbesondere dem Nachbarn Russland gegenüber, der als größter Gläubiger der Ukraine auf Forderungen von 26 Milliarden Euro sitzt und diese wohl wird in den Wind schreiben müssen.

Nun, dem Westen wird´s recht sein, ist es doch neben dem Wirtschaftskrieg gegen Russland eine weitere Maßnahme zur Provokation und Destabilisierung des russischen Staates. Damit ist es wohl auch nur eine Frage der Zeit, wie lange noch dessen Führung diesem schändlichen Treiben zusieht, oder, bedenklicher noch, zusehen kann. Was dann passiert, vermag sich wohl niemand von uns auch nur annähernd vorzustellen.

Nicht veröffentlicht.

Leserbrief vom 12.06.2015 an die RZ

Das Recht, uns auszuspionieren, haben nur unsere Freunde von NSA. Sonst keiner! Wo führte das denn hin, wenn sich jede popelige Regionalmacht auf unserem Planeten derartiges erlauben würde?

Allerdings - wer´s wirklich war, man weiß es nicht. Vorsorglich heißt´s aber schon mal: „Putin war´s", nach dem Motto: Es wird schon was hängenbleiben.

Sollte sich dieser Verdacht hingegen nicht bestätigen, wird man die Wahrheit demnächst als Randnotiz in der Presse lesen - oder auch nicht.

Leserbrief vom 17.07.2015 an die RZ

Bei dem neuen Hilfsprogramm für Griechenland geht es, im Gegensatz zu den bisherigen Rettungsprogrammen, nicht um Kredite, sondern vielmehr um Transfers, „also um Geld, das nicht zurückkommt", so der Ökonom Clemens Fuest, designierter Nachfolger von Hans-Werner Sinn, Präsident des renommierten Ifo-Institut in München. Diese Einschätzung teilen mit Fuest und Sinn auch der IWF und selbst Bundesfinanzminister Wolfgang Schäuble. Fuest sieht im Auflegen eines Transferprogramms für Griechenland den stillschweigenden Einstieg in die Transferunion - mit exorbitanten Kosten (und Folgen) für unseren Staatshaushalt und damit für uns Bürger.

Sollte das neuerliche Rettungspaket mit einem Volumen von 86 Milliarden Euro beschlossen werden, so entfallen in den nächsten drei Jahren davon allein 22 Milliarden auf unser Land. Das sind über 7 Milliarden Euro pro Jahr. Nach neuesten Schätzungen des Ifo-Instituts würde Deutschland jedem

Griechen mit dem neuen Programm 2.200,00 Euro schenken - ohne damit freilich die beabsichtige Wirkung zu erzielen und das Siechtum Griechenlands zu beenden. Somit wird man weitere Milliardenbeträge verbrennen, über die auch wir (noch) nicht verfügen. Das soll sich aber ändern: schon wird über eine Anhebung des Soli von derzeit 5,5% auf bis zu 8,5%, einem sog. „Griechensoli", nachgedacht und, die Bürger werden´s auch diese Mal als alternativlos schlucken, es wird keine Proteste, keine Aufmärsche, keine Demos geben.

Deutschland liegt im Koma. Wir werden von unseren Politikern eingelullt, belogen, betrogen, hinters Licht geführt und abkassiert und das für eine fixe Idee, eine Ideologie namens Euro, welche längst gescheitert ist und deren Scheitern man öffentlich nicht eingestehen will. Dieses unsägliche Rettungs-Gewürge wird solange weitergehen bis unsere Sozialsysteme, unsere Spareinlagen, unsere Altersvorsorge geplündert und große Teile unserer Bevölkerung in Armut versinken werden - sofern uns nicht noch Schlimmeres als Resultat solch unverantwortlichen politischen Handelns unserer „alternativlosen" Kanzlerin und ihrer Erfüllungsgehilfen bevorsteht.

Stark verkürzt veröffentlicht.

Leserbrief an die RZ vom 22.07.2015

Zum Bericht in Ihrer heutigen Ausgabe „Merkel und Hollande basteln an einem neuen Europa"

Es ist ein durchsichtiges Manöver, das Herr Hollande dem staunenden Europa mit seinem grandiosen Vorschlag vor Augen führt. Keineswegs hat er dabei das Wohl Europas im Auge, vielmehr will er den Zugriff zur deutschen Staatskasse erhalten um damit sein vor der Staatspleite stehendes Land zu retten. Mr. Hollande hat es während seiner dreijährigen Präsidentschaft geschafft, die französische Wirtschaft komplett gegen die Wand zu fahren. Nun sollen die Anderen für sein Versagen zahlen - und das selbstverständlich noch zu seinen Konditionen. Eine auf den ersten Blick geniale Idee, doch, wieder einmal, zu kurz gesprungen.

Man stelle sich das Folgende vor: In einem Mietshaus wohnen acht Mietparteien. Eine der Parteien schlägt nun vor, man möge aus Solidaritätsgründen die unterschiedlichen Einkommen der Mieter in einen Topf werfen und jeder könne sich dann aus dem Fundus nach Belieben bedienen. Die Konsequenz solchen Handelns wäre, dass sich keiner mehr für die Kasse verantwortlich fühlte, weder für die Einnahmen noch für die Ausgaben. Jeder würde sich nach Lust und Laune solange bedienen, bis nichts mehr übrig bliebe. Der dann folgende Streit wäre vorprogrammiert, jeder würde den anderen für die Misere verantwortlich machen, die bislang harmonische Mietergemeinschaft würde auseinanderbrechen.

Genau dies wäre die unverantwortliche Folge der Umsetzung des Vorschlages von Hollande. Frau Merkel wäre gut beraten, sich auf derartige Verhandlungen nicht einzulassen, einzig um das bereits tot gerittene Pferd namens Euro weiterzureiten. Ich befürchte allerdings, meine und die Mahnungen vieler anderer besorgter Bürger, werden wieder einmal ungehört verhallen.

Nicht veröffentlicht.

Leserbrief an die RZ vom 28.07.2015

Im Zusammenhang mit der Abspaltung der neuen Lucke-Partei „Alfa" zitieren Sie in einem Randartikel in Ihrer heutigen Ausgabe, den Politikwissenschaftler Kai Arzheimer mit den Worten über eine „...gefühlte Radikalisierung der Rumpf-AfD". Diese Aussage kann nicht unwidersprochen hingenommen werden. Die von Arzheimer als „Rumpf-AfD" bezeichnete Partei verfügt bundesweit über immerhin noch mehr als zwanzigtausend Mitglieder und Förderer; abgespalten haben sich weniger als 10% der ursprünglichen Mitglieder. Somit kann von einer „Rumpf-AfD" keine Rede sein.

Herr Arzheimer benennt auch keinerlei Fakten für seine Unterstellung einer „Radikalisierung" der AfD. Warum wohl? Es gibt keine! Diesen Nachweis konnte bislang auch der ehemalige und nun nachtretende Parteichef Lucke mit ähnlich lautenden Behauptungen nicht beibringen. Arzheimers „gefühlte" Radikalisierung der AfD entspringt seiner Phantasie oder ist möglicherweise ein Ausfluß seiner unkritischen Übernahme von Lucke´s unbewiesenen Äußerungen oder ähnlich lautenden Medienberichten. Ein   Wissenschaftler hat nicht seine Gefühle zu offenbaren, er hat Fakten zu benennen.

Die AfD hat sich nach dem Essener Parteitag nicht radikalisiert, vielmehr ist sie zu ihren Wurzeln zurückgekehrt. Den Euroaustritt Deutschlands, die Ablehnung von TTIP, den unkontrollierten Asylantenzustrom in unser Land, sowie den Wirtschaftskrieg gegen Russland, all diese ureigenen AfD-Kernthemen, die er selbst einmal vertreten, wofür die Parteibasis gekämpft hat und seine Partei gewählt wurde, stellt Bernd Lucke mittlerweile in Frage und bezichtigt zur Ablenkung eigenen Versagens seine einstigen Mitstreiter der Radikalisierung.

Die neue, gehäutete AfD zeigt wieder Kante und wird sich nicht im Einheitsbrei des bundesrepublikanischen Parteiensystems bis zur Unkenntlichkeit verrühren lassen um danach in der Bedeutungslosigkeit zu versinken. Sie ist eine demokratisch legitimierte Partei, fernab jeglicher politischer und gesellschaftlicher Radikalität. Wenn man in unserem Lande jedoch das Benennen uns alle betreffender Probleme aus Gründen der sog. „political correctnes" sogleich mit dem Schwingen der Rechts-/Nazikeule seitens der etablierten Parteien beantwortet, wird sich die AfD mit allen ihr zur Verfügung stehenden demokratischen Mitteln, auch als Anwalt der Bürger unseres Landes, dagegen zu wehren wissen.

Gekürzt veröffentlicht.

Leserbrief vom 05.08.2015 an die RZ

Mit aller Macht drängen unsere amerikanischen Freunde auf die Ratifizierung des europäisch-amerikanischen Freihandelsabkommen TTIP noch im Herbst diesen Jahres. Völlig zu Recht steht eine breite Mehrheit besorgter europäischer Bürger diesem intransparenten Machwerk mit großer Skepsis gegenüber, verfolgt es doch im Wesentlichen drei Ziele, welche elementare demokratische Errungenschaften außer Kraft setzen.

Dies sind: 1. Die Aushöhlung staatlicher Souveränität und damit letztlich ihre Abschaffung. 2. Die Durchsetzung von Lobbyinteressen zu Lasten der Bürger. 3. Die Beseitigung von Verbraucherschutz.

Wenngleich der komplette Vertragstext nur einigen Wenigen in unserem Land bekannt ist, so lassen doch bruchstückhafte Veröffentlichungen aus dem Abkommen den Schluss zu, dass wieder einmal eine rücksichtslose Umverteilung von unten nach oben, d. h. von den Bürgern zu den Groß-konzernen das eigentliche Ziel des umfangreichen Vertragswerkes ist. Allein die strenge Geheimhal-tung, selbst vor unseren Volksvertretern, die die-sem Abkommen zustimmen sollen, ohne es über-haupt zu kennen, lässt Schlimmstes befürchten. Wenn Europaabgeordnete überschwänglich TTIP loben und von gemeinsamen „neuen Normen in der IT-Branche, dem Datenschutz und dem Schutz geistigen Eigentums" schwadronieren, so ist sei-tens der Bürgerschaft höchste Alarmbereitschaft geboten.

Diese „Volksvertreter" sollen bitteschön einmal erklären, wie die „neuen Normen" wohl aussehen werden. Ist damit etwa die Abschaffung der mas-senweißen Bespitzelung von uns Bürgern gemeint, oder ist doch wohl eher mit einer Verschärfung derselben zu rechnen? Soll zukünftig der Schutz geistigen Eigentums verbessert werden, oder soll dieser ausgehöhlt oder gar abgeschafft werden? Was soll die schwammige Formulierung von „neuen Normen in der IT-Branche"?

Fragen über Fragen und Antworten der Verant-wortlichen, die die Sorgen der Bürger e-her bestätigen, als dass sie diese ausräumen. Wir sollten uns indes keinerlei Illusionen hingeben: Ebenso wie Euro, Griechen-Rettung, Russland-Sanktionen und unkontrollierte Zuwanderung wird uns besorgten Bürgern Frau Merkel auch die

Zustimmung zu TTIP als alternativlos verkaufen. Wetten dass?

Leserbrief vom 13.08.2015 an die RZ

Dem Kommentar der Leserin in Ihrer heutigen Ausgabe, wonach Burka und Frauenquote unvereinbar sind, ist ohne wenn und aber zuzustimmen. Ein weiteres Paradoxon des Innenministers in Zeiten des Terrors sind Vorratsdatenspeicherung, Geldwäschegesetz und Videoüberwachung, überwiegend gerichtet gegen unbescholtene Bürger unseres Landes, Stichwort: „Generalverdacht", auf der einen Seite und die Duldung maximalbestoffter Zeitgenossinnen (von denen niemand weiß, was und wer sich unter der Vermummung verbirgt) u. a. auf öffentlichen Plätzen und in überfüllten Fußgängerzonen, auf der anderen Seite. Die darin schlummernden Gefahren für die Bevölkerung werden schlichtweg ignoriert, bestenfalls kleingeredet.

Der Herr Minister hingegen verbarrikadiert sich kleinmütig zur Abwehr des geforderten und dringend gebotenen Burkaverbots hinter „verfassungsrechtlichen Bedenken", statt beherzt eine Verfassungsänderung in die Wege zu leiten. „Zuerst kommt der Mensch, dann (erst!) kommt die Menschenordnung" heißt es in dem Roman „Der Hauptmann von Köpenick" von Carl Zuckmayer.

Mit anderen Worten, das Gesetz hat dem geordneten Zusammenleben menschlicher Gemeinschaften zu dienen, nicht andersrum. Wenn unser Grundgesetz den heutigen Sicherheitsanforderungen des Staates und seiner Bürger nicht mehr genügt, dann muss es eben angepasst, geändert werden. Und das ist die Aufgabe der Regierung, dafür ist sie gewählt. So einfach ist das, sehr geehrter Herr de Maiziere.

Nicht veröffentlicht.

Leserbrief vom 16.08.2015 an die RZ

„Wir wissen seit zwei Wochen, dass die Schuldentragfähigkeit nicht gegeben ist, dass die Privatisierungserlöse zu hoch angesetzt sind und dass der IWF vorerst nicht an Bord ist." Mit diesen Worten zitieren Sie in Ihrem Bericht zu Schäubles Griechenland-Kurs die SPD-Bundestagsabgeordnete Ingrid Arndt-Brauer. Diese Dame ist nicht irgendwer, nein, sie ist die Chefin des Bundestags-Finanzausschusses! Sollte die ihr zugeschriebene Äußerung zutreffen (man mag es kaum glauben!), so muss einen als Bürger dieses Staates das kalte Entsetzen packen. Wir sind demnach einer Funktionsträgerin in hervorgehobener Position ausgeliefert, der erst vor zwei Wochen aufgefallen ist, was schon seit fünf Jahren jeder in ganz Europa weiß, nämlich dass die Schuldentragfähigkeit Griechenlands nicht im Entferntesten gegeben, dass dieses Land schlichtweg eines ist: BANKROTT.

Noch schwerer wiegt hingegen, dass man nun trotz Erlangens dieser Erkenntnis, einem insolventen und korrupten Staat weitere 86 Milliarden Euro in den unersättlichen Rachen schiebt, obwohl man bereits heute weiß, dass der weder willens noch in der Lage ist, jemals auch nur einen Cent davon zurückzuzahlen. Die angeblich so hart erkämpften Reformzusagen Griechenlands sind nichts wert, sie sind unglaubwürdig und substanzlos, allein schon aufgrund des fehlenden Umsetzungswillens seiner Regierung. Sie sind ein Etikettenschwindel gegenüber den Zahlern der Zeche, den Bürgern Europas. Zudem verfügt keines der Euro-Geberländer über die zugesagten Mittel, sodass diese erstmal beschafft, d. h. geborgt - und danach zurückgezahlt werden müssen! Da Griechenland hierfür ausfällt, wie man es uns jetzt aus berufenem Munde bestätigt hat, zahlt der europäische Bürger mit seinen Steuergeldern, Zinsen plus Tilgung, ohne auch nur den geringsten Gegenwert, also NICHTS, dafür zu erhalten. Eine fatale Situation.

Der Vorgang ist schlichtweg ein Betrug am Bürger, nichts anderes! Angesichts der offensichtlich aussichtslosen Situation hat der IWF nun kalte Füße bekommen, verlangt gar die Rückzahlung seiner Forderungen und wird sich darüber hinaus an keiner neuerlichen Finanzierung beteiligen. Eben diese Beteiligung hatte bis vor Kurzem unsere Bundeskanzlerin noch als Voraussetzung für die Bewilligung eines weiteren Hilfspakets für unabdingbar erklärt. Aber auch das ist mal wieder merkelscher Schnee von gestern. Sie hält sich konsequent an Konrad Adenauers berühmt berüchtigtes Motto: „Was kümmert mich mein dummes Geschwätz von gestern." Unsere sogenannten „Volksvertreter" werden sich dieser Haltung anschließen und in der kommenden Bundestagssitzung der weiteren Ausplünderung unseres Landes und seiner Bürger mit großer Mehrheit zustimmen - altenativlos!

Nicht veröffentlicht.

Leserbrief vom 11.09.2015 an die RZ

Nun wissen wir es von Einem, der es wissen muss. Angesichts der Heerscharen unser Land unkontrolliert überflutender Menschen aus aller Herren Länder ist unserem ehemaligen Innenminister Hans-Peter Friedrich der Kragen geplatzt. Als eine „...beispiellose politische Fehlleistung..." hat er in scharfer Form die asylpolitischen Entscheidungen von Kanzlerin Merkel kritisiert. Diese Politik sei völlig unverantwortlich und gefährlich und könne zu verheerenden Spätfolgen mit bösem Erwachen führen. Kein anderes Land sei so naiv (wie Deutschland).

Recht hat er. Recht haben auch viele ausländische Politikbeobachter, die für Frau Merkels Position nur ein verständnisloses Kopfschütteln übrig haben. Der renommierte britische Politologe Anthony Glees hat die Sicht seines Landes auf die deutsche Asylpolitik mit den folgenden Worten beschrieben: „In Großbritannien herrscht der Eindruck, die Deutschen haben den Verstand verloren." Bezeichnenderweise wurde hierüber in deutschen Medien nicht berichtet. Mit seiner provokanten These "Deutschland schafft sich ab" könnte Thilo Sarrazin am Ende doch noch recht behalten.

Nicht veröffentlicht.

Leserbrief vom 23.09.2015 an die RZ

„Schreddern erlaubt, fotografieren verboten!"

Es ist von Vögeln, von Naturschutz die Rede, in einem Leserbrief in Ihrer gestrigen Ausgabe. Vom Pseudo-Naturschutz der rheinland-pfälzischen Umweltministerin Ulrike Höfgen, die ein neues Landesnaturschutzgesetz plant, welches das Fotografieren von Vögeln untersagt, hingegen das Schreddern dieser schützenswerten Tiere durch gigantische, jeder Vernunft widersprechenden, die Landschaft verschandelnden und wertvolles Ackerland vernichtenden Windmühlen erlaubt.

Leben wir in Absurdistan? Wer rettet uns vor diesen grünen, unsere Flora und Fauna zerstörenden

Ideologen? Wer rettet uns vor deren Absichten, ein solches Gesetz durch den Landtag zu bringen und ihrer erklärten Absicht, weitere tausend dieser abscheulichen Vogelhäcksler in unserem Land aufzustellen?

In diesem Kontext macht ein inzwischen geflügeltes Wort in Deutschland die Runde: „Früher schützten die Grünen den Wald, heute muss man den Wald vor den Grünen schützen."

Nicht veröffentlicht.

Leserbrief vom 02.11.2015 an die RZ

Unter der Überschrift: „AfD: Schießen auf Flüchtlinge Ultima Ratio" erschien in Ihrer heutigen Ausgabe ein Randartikel, beginnend mit dem Satz: „Im Fall eines gewaltsamen Grenzübertritts von Flüchtlingen hält der nordrhein-westfälische AfD-Landeschef Marcus Pretzell den Gebrauch von Schusswafen als „Ultima Ratio" für gerechtfertigt".

Marcus Pretzell hatte dies in einem Focus-Interview geäußert. Ja, wie denn sonst, so fragt man sich, soll denn der Staat seine Bürger gegen gewaltsam vorgehende Eindringlinge schützen, wenn alle anderen Mittel versagen? Pretzell redet doch keinem gnadenlosen Schusswaffengebrauch unseres Grenzschutzes gegen wehr- und schutzlose Flüchtlingsfamilien das Wort, sondern spricht von der Verteidigung unseres Staates und seiner

Bürgern gegen mit Waffengewalt auf unser Territorium eindringende Aggressoren. Es ist das legitime Recht, ja die Pflicht, eines jeden souveränen Staates gegenüber seinem Volk, für die Sicherung seiner Landesgrenzen zu sorgen. Das ist internationales Recht und in keinem Land der Welt, außer gegenwärtig in dem unserem, stellt dieses staatliche Selbstverteidigungsrecht irgendjemand in Zweifel, geschweige denn spricht es ihm ab.

Das sieht wohl auch die Mehrzahl der noch klar denkenden Menschen in unserem Land so. Eine Meldung ist es jedoch allemal wert, allerdings nur deswegen, weil der AfD-Landeschef Pretzell es war, der diese Selbstverständlichkeit geäußert hat. Umgehend wird sie gegen ihn und die verhasste AfD verwandt, vielsagend unkommentiert und mit einer Headline versehen, die diese Partei und ihren „umstrittenen" NRW-Landesvorsitzenden in Misskredit bringen soll. Es wird einem in diesem Land langsam Angst und Bange, in welcher Weise Sachverhalte verdreht und Meinungen manipuliert werden mit dem Ziel der Rechtfertigung einer völlig verantwortungslosen Asylpolitik unserer Regierung und dem Mundtotmachen derer, die die inzwischen unhaltbaren Zustände in unserm Land kritisieren.

Nicht veröffentlicht.

Leserbrief vom 06.11.2015 an die RZ

Der Kaiserin neue Kleider

Es war einmal eine mächtige Kaiserin. Sie herrschte in einem reichen und friedlichen Land, dessen ehrbare und friedliebende Bürger sich durch Fleiß und Tatkraft einen Wohlstand geschaffen hatten, der auch den Menschen anderer Nationen nicht verborgen blieb. So wuchs denn der Neid auf das Land der mächtigen Kaiserin und man sann darüber nach, wie man es seiner Schätze berauben könnte. Ein Plan musste her und der war dann auch bald gefunden.

Man suchte besonders schlaue und gerissene Betrüger aus, die mit einer „wichtigen Botschaft", so hieß es, zur mächtigen Kaiserin geschickt wurden. Diese Betrüger umschmeichelten die mächtige Kaiserin und eröffneten ihr den hinterhältigen Plan. Mithilfe dieses Planes, so sagten sie ihr, werde ihre Macht und ihr Ansehen ins Unermesslich steigen und alle Welt müsse sich fortan ihrem Willen und ihren Befehlen beugen. Einzige Voraussetzung dafür sei es, sich stets aufs Neue vor ihrem Volke mit besonders wertvollen Gewändern sehen zu lassen. Das Besondere dieser Kleider, die man ihr schneidern werde, sei es, dass sie nur von ihr selbst und ihrem Volk gesehen werden könnten und das auch nur von den Klügsten unter ihnen.

Der mächtigen Kaiserin kam das zunächst etwas eigenartig vor. Aus Herrschsucht und Machtgier willigte sie aber schließlich ein und beauftragte die Betrüger mit der Anfertigung der neuen Garderobe. Bei der ersten Anprobe wunderte sie sich insgeheim darüber, dass sie gar keine Kleider sah, ihre betrügerischen Schneider aber in den höchsten Tönen vom wertvollen Tuch, vom Schick und der Eleganz derselben schwärmten. Dann erinnerte sie sich aber der Worte der Betrüger, wonach nur kluge Menschen diese Kleider sähen, und aus der Eitelkeit heraus, man könne sie für dumm halten, sagte sie nichts weiter dazu. Stattdessen bedankte sie sich bei den Schneidern für ihre vorzügliche Arbeit.

Die Kunde von den neuen Kleidern der mächtigen Kaiserin verbreiteten sich derweil in Windeseile an ihrem Hof und ihre Herolde trugen die Nachricht bis in die letzten Winkel ihres großen Landes. Die mächtige Kaiserin, geschmeichelt und bedrängt von den Komplimenten ihrer betrügerischen Schneider, ließ sich immer mehr und immer teurere Gewänder anfertigen. Ihren Staatsschatz und ihr kaiserliches Erbe hatte sie dafür schon ausgegeben, das Tafelsilber verkauft und ihren Schatzmeister gezwungen, sich bei den Geldverleihern zu verschulden - allein, es war nicht genug. Die Kosten für die Kleider verschlangen alles und es brauchte noch mehr. In ihrer Gier wurden die Betrüger derweil immer dreister und forderten immer größere Beträge für ihre Arbeit von der mächtigen Kaiserin.

Den kaiserlichen Steuereintreibern blieb angesichts der stets leeren Kassen nichts anderes übrig, als dem Volk immer neue Steuern abzuverlangen - hingegen das Geld reichte dennoch nicht aus. So wurden dann die Staatsausgaben gekürzt, was dazu führte, dass die Straßen, die Schulen, die Brücken verrotteten und die Menschen in dem einst reichen Land der mächtigen Kaiserin immer ärmer wurden. Es wurde gar von armen Leuten berichtet, welche an Hunger litten. Die mächtige Kaiserin hingegen regierte mit eiserner Hand und duldete in ihrem nun armen und hoch verschuldeten Land keine Kritik an ihrer Politik. Recht und Gesetz galten hinfort nicht mehr und diejenigen, die den Mut besaßen, ihr Verschwendungssucht und Eitelkeit vorzuwerfen, wurden kurzerhand und ohne Prozess in den Kerker geworfen oder an den öffentlichen Pranger gestellt.

Zu den neuen Gewändern gibt es noch Eines zu sagen. Die mächtige Kaiserin hatte die Eigenart entwickelt, jedem ihrer neuen Kleider einen Namen zu geben. Es waren ganz sonderbare Namen, wie „ohne Alternative", „Stromwende", „Abhorchung", „Akropolis-Rettung", „PPIT", „Zwangsmaßnahmen" und das neueste und allerteuerste Gewand trug den Namen „Ihr müsst es schaffen".

In diesem Gewand „Ihr müsst es schaffen" wollte sich die mächtige Kaiserin nun ihrem Volk zeigen.

Die anderen Gewänder hatte sie schon ihren Hofschranzen vorgeführt, die sich zwar über die Nacktheit der Kaiserin gewundert hatten, sich aber nicht trauten, darüber zu sprechen. Stattdessen huldigten sie ihrer mächtigen Kaiserin und schmeichelten ihr für ihren guten Geschmack. Einige wenige aus ihrem Hofstaat hatten es jedoch gewagt, über die Gewänder zu spotten. Sie wurden unversehens aus dem Dienst entlassen und mussten hinfort in Not und Armut leben.

Nun kam der Tag, an dem sich die mächtige Kaiserin ihren Untertanen mit dem Gewand „Ihr müsst es schaffen" auf dem Balkon ihres Schlosses präsentieren wollte. Tausende Bürger ihres Volkes waren zu diesem Ereignis auf den großen Platz vor dem prächtigen Schloss gekommen und warteten nun voller Spannung auf den Auftritt ihrer mächtigen Kaiserin. Nach einer Weile öffnete sich die Balkontüre, die mächtige Kaiserin trat hervor und zeigte sich voller Stolz dem Volk mit ihrem teuersten Gewand „Ihr müsst es schaffen". Als die Menschen ihre mächtige Kaiserin sahen, stockte ihnen der Atem - es herrschte Totenstille. Doch dann schrie ein Kind mit heller Stimme: „Die Kaiserin ist ja nackt..."!

Und plötzlich fiel es dem betrogenen Volk wie Schuppen von den Augen - ihre mächtige Kaiserin hatte sie jahrelang ausgeplündert und betrogen und sie um ihr ganzes Hab und Gut gebracht. Ein Aufschrei ging durch die Menge und das einst so brave und geduldige Volk stürmte das prächtige Schloss und jagte die mächtige Kaiserin mit Schimpf und Schande samt ihrer Lakaien und ihrem Hofstaat aus dem einst so reichen Land. Mit großer Erleichterung, die dumme und unbelehrbare Kaiserin nun los zu sein, wendeten sich die fleißigen Bürger wieder ihrem Tagwerk zu. Doch dauerte es viele lange Jahre, bis das nun arme Volk wieder zu Wohlstand und Ansehen gelangte.

Nicht veröffentlicht.

Leserbrief vom 16.11.2015 an die RZ

Zu „Rentenversicherung bankrott", Leserbrief von Klaus Hentschel

Der Leserbriefschreiber konstatiert, dass ein Unternehmen, welches seinen Zahlungsverpflichtungen nicht mehr nachkommen kann, bankrott ist. Dem ist zuzustimmen. Er vergleicht dieses Unternehmen mit der „Deutsche Rentenversicherung", die diesen Bankrott nur durch „ungenierte und zügellose Bedienung an deutschem Steuergeld seit mindestens zehn Jahren" abwendet. Ab hier hinkt der Vergleich. Die GRV hat keinerlei Zugriffsmöglichkeit auf die deutschen Steuergelder und weiter, ein Unternehmen, dem unablässig und in zunehmender Weise fremde Kosten aufgebürdet werden, endet irgendwann vor dem Insolvenzrichter.

So verhält es sich auch mit der GRV. Etwa 40% ihrer Ausgaben sind versicherungsfremde Leistungen, die ihr vom Staat aufoktroyiert wurden und werden und für die die Zahlungsempfänger nie Beiträge eingezahlt haben. Der Staat bedient sich in schamloser Weise an der Altersvorsorge des kleinen Mannes. Beispiele hierfür gibt es mehr als genug. Allein bei der Wiedervereinigung hat der Staat in konfiskatorischer Weise 190 Milliarden DM aus der umlagefinanzierten Rentenkasse entnommen oder sollte man sagen gestohlen? Ein Skandal! Kriegsfolgelasten, Fremdrentengesetz, Hinterbliebenenversorgung, Kindererziehungsrenten und ab 1. Juli 2014 die Mütterrente, alles politisch gewollte Sozialleistungen, die ohne jegliche Ansprüche aus der GRV gezahlt werden, statt sie aus Steuermitteln zu bestreiten.

Allein im Zeitraum 1992 bis 2012 wurden Jahr für Jahr 22 Milliarden Euro an Fremdleistungen aus der GRV gezahlt. Entschlackt durch all diese Leistungen stünde die GRV in unserem Land bestens da, würde sogar per Saldo einen Überschuss erwirtschaften und müsste nicht durch staatliche (Schein)Transfers gestützt werden. Allein diese Tatsache wird der Öffentlichkeit bewusst verschwiegen. Stattdessen zwingt man die Bürger in windige private Altersvorsorgemodelle mit der Begründung des demografischen Wandels, aus dem resultierend eine ausreichende Altersrente aus der GRV zukünftig nicht mehr bezahlbar sei.

Wissenschaftliche Studien hingegen belegen das Gegenteil. Das jedoch verschweigt man den Bürgern. Stattdessen wird das Rentenniveau als Folge der letzten Rentenreform in den kommenden Jahren auf 43 Prozent des Nettolohnes abgesenkt bei gleichzeitiger Erhöhung des Renteneintrittsalters. Daher zum Schluss die Frage: Für wessen Interessen steht dieser Staat?

Leserbrief vom 25.11.2015 an die RZ

Zur Berichterstattung über die AfD-Demo in Mainz, insbesondere des Verhaltens des Intendanten und der Mitarbeiter des Staatstheaters bei dieser Veranstaltung.

Dass den Anordnungen der Polizei während der genehmigten AfD-Demo seitens der Theatermitarbeiter des Staatstheaters und des Intendanten Markus Müller eben keine Folge geleistet wurde, können 500 Demonstranten auf dem Gutenbergplatz sowie mehrere hundert Menschen, von den Gegendemonstranten mit Gewalt am Zugang zur Kundgebung gehindert, bezeugen. Wenn Herr Müller behauptet, man habe die Anweisungen der Sicherheitskräfte befolgt, so ist das schlichtweg die Unwahrheit. Nicht umsonst hat die Polizei Anzeige erstattet. Weitere private Anzeigen werden folgen. Das Gericht wird die Wahrheit herausfinden und Recht und Gesetz Geltung verschaffen.

Mit welchem Recht, so frage ich mich, okkupieren Staatsangestellte eine öffentliche und mit Steuergeldern finanzierte kulturelle Einrichtung, benutzen rechtswidrig zur Befriedigung persönlicher Befindlichkeiten deren Mittel, wie den Gebrauch einer alles übertönenden Beschallungsanlage, ignorieren polizeiliche Anweisungen und stören permanent den geordneten Ablauf einer friedlichen und seitens der Demonstranten gewaltlosen Kundgebung? Wie verträgt sich die Aufführung der „Ode an die Freude" mit ihrer Botschaft „Alle Menschen werden Brüder" mit hasserfüllten Parolen wie „AfD verrecke" oder „Nazis raus"?

Wer als Gegendemonstrant an diesem Abend auf Ausländerfeindlichkeit, Hass oder gar Gewalt auf Seiten der Demonstranten zu treffen gehofft hatte, wurde eines Besseren belehrt. Es gab weder das eine noch das andere. Weder verbal noch auf den vielen mitgeführten Transparenten wurde derartiges proklamiert. Der friedliche Protest richtete sich eben nicht gegen Ausländer oder Schutzbedürftige, sondern gegen eine aus Sicht der AfD, ihrer Sympathisanten und vieler mit Recht besorgter Mitbürger, verfehlte Asylpolitik unserer Regierung.

Hätte man den Rednern zugehört, so wie man es von zivilisierten Menschen, von Demokraten hätte erwarten müssen, anstatt sie niederzubrüllen, hätte man die mitgeführten Transparente gelesen, statt die gesamte Veranstaltung rechtswidrig zu stören, würde man sich einer sachlichen Diskussion stellen, statt die Argumente Andersdenkender mit infernalischem Lärm akustisch totzuschlagen, so hätte man der Demokratie an diesem 21.11. auf dem Mainzer Gutenbergplatz einen guten Dienst leisten können.

Wenn hingegen der Intendant des Staatstheaters, Markus Müller, laut Zeitungsbericht von „solchen Parolen" spricht und dann nichts anderes im Köcher hat als die Verteufelung der AfD-Forderung nach „Asylchaos stoppen", so fragt man sich, ob denn dieser Mann in seinem Elfenbeinturm nicht den Bezug zu den Realitäten in unserem Land völlig verloren hat, oder was er mit einer solchen Äußerung zu bezwecken beabsichtigt. Wie kann man eine dermaßen berechtigte Forderung abwertend als „solche Parolen" geißeln, gerade vor dem Hintergrund einer völlig außer Kontrolle geratenen Masseneinwanderung, einem Asylchaos mit unabsehbaren Folgen für unser politisches, gesellschaftliches und soziales System in Deutschland?

Herr Müller täte gut daran, seine fragwürdige Haltung zu überdenken, statt in infantilem Trotz auf seinem unhaltbaren Standpunkt weiter zu verharren und in der von ihm praktizierten Weise Andersdenkende mundtot zu machen.

Nicht veröffentlicht.

Leserbrief vom 09.12.2015 an die RZ

„VW spart massiv in Russland" und „Gewinne der Bauern brechen" ein, so die Headlines zweier Berichte in Ihrer Ausgabe vom 09.12. Sie schreiben von „politischen Barrieren beim Export nach Russland" im Hinblick auf den russischen Einfuhrstopp von Agrarprodukten aus Deutschland und einer „tiefen Wirtschaftskrise...in Russland", die den Absatzmarkt für Autos dort um rund 34%, andere Quellen sprechen von 43%, haben einbrechen lassen. Das eine ist eine unmittelbare Folge der von den USA und der EU verhängten Sanktionen gegen Russland, das andere eine mittelbare Auswirkung infolge der damit einhergehenden wirtschaftlich-finanziellen Schwierigkeiten, mit denen dieses Land seitdem zu kämpfen hat.

Auf Anordnung des amerikanischen Präsidenten Barack Obama und mit Unterstützung von Kanzlerin Merkel werden nun wohl die EU-Staaten, falls nötig mit entsprechendem Druck, der anstehenden Entscheidung über die Verlängerung dieser verhängnisvollen „Strafmaßnahmen" gegen Russland im Jan. 2016 zustimmen. Was wird damit bezweckt? Welches Ziel soll damit erreicht werden? Will man Russland wirtschaftlich schwächen, um es dann politisch in die Knie zu zwingen? Locken, mal wieder, der Rohstoffreichtum und die Weiten Russlands? Ist ein Regime-Change geplant? All das wird nicht gelingen: das russische Volk steht unverbrüchlich hinter seiner Regierung und diese hat bereits vielerlei Konsequenzen gezogen, z. B. indem es sich auf seine eigene Kraft besinnt und sich andere Partner sucht bzw. gesucht hat.

Deutschland als bislang wichtigster Handelspartner Russlands in der EU ist größter Verlierer bei diesem sinnlosen Spiel. Als exportabhängige Nation und gleichzeitig angewiesen auf Energie- und Rohstofflieferungen aus Russland setzt unsere Regierung in Jahrzehnten gewachsene Wirtschaftsbeziehungen leichtfertig aufs Spiel, bringt Industrie und Handel um heiß erkämpfte Absatzmärkte, die wohl für immer verloren sein werden, riskiert von Öl- und Gaslieferungen abgeschnitten zu werden und zerstört mühselig aufgebautes politisches Kapital und Vertrauen, welches Voraussetzung für ein friedliches Zusammenleben der Völker in Europa ist.

Nach Euro-Rettungs-Debakel, andauernder Sparenteignung, missglückter Energiewende, unkontrollierter Masseneinwanderung in Verbindung mit der Brüskierung unserer europäischen Freunde und eben diesem verhängnisvollen Wirtschaftskrieg gegen Russland, muss Kanzlerin Merkel sich fragen lassen, wessen Interessen sie vertritt. Unsere, die deutschen, können es nicht sein.

Leserbrief vom 21.12.2015 an die RZ

In Ihrer heutigen Ausgabe erschien der im Betreff genannte Bericht, der sich mit der Haltung Polens zu den sog. Flüchtlingen beschäftigt. Hierin heißt es (Zitat):

„Die staatlichen Medien (Polens), die immer mehr in der Hand der PiS liegen, unterstützen den Antiflüchtlingskurs der Regierung, indem sie eher einseitig berichten, Ströme von Flüchtlingen zeigen, die zu großen Teilen aus jungen Männern bestehen."

Als ich dies las, musste ich zunächst einmal tief durchatmen um mich zu beruhigen.

Sie, und damit meine ich die nahezu gesamte Presselandschaft in unserem Lande, echauffieren sich darüber, dass ein großer Teil der Bevölkerung in unserem Lande Ihnen und Ihrer Berichterstattung nicht mehr vertraut, Sie als „Lücken- oder gar Lügenpresse" tituliert. Dabei entlarvt doch bereits dieser eine zitierte Satz Ihr fragwürdiges Verhältnis zur Wahrheit auf dem Feld der „Flüchtlingskrise". Sie klagen darüber, dass Polens „staatliche Medien" (in der Hand der PiS) den „Antiflüchtlingskurs der Regierung unterstützen".

Ebenso ist es doch in unserem Land, nur mit umgekehrten Vorzeichen. Bei uns befinden sich doch ebenfalls das Fernsehen und die allermeisten Printmedien in Regierungshand bzw. werden sie von den Parteien getragen. Entsprechend tendenziös ist dann auch die Berichterstattung/Kommentierung über die omnipräsente Asylkrise. Der Unterschied zu unserem Nachbarland Polen besteht jedoch darin, dass deren Regierung an der Seite ihres Volkes steht, das sich gegen eine Flüchtlingsinvasion in sein Land wehrt, wohingegen unsere Machthaber in dieser existenziellen Frage gegen das eigene Volk regieren, das sich zunehmend bedroht, verängstigt, machtlos und in seiner Meinung übergangen fühlt und sich sehnlichst ein Ende der Flutung unseres Landes mit Menschen aus aller Herren Länder wünscht.

Sie schreiben von „einseitiger Berichterstattung" und mokieren sich über das Zeigen von Flüchtlingen, „die zu großen Teilen aus jungen Männern bestehen", so, als würde das nicht den Tatsachen entsprechen. 70- 90%, die Zahlen gehen je nach Quelle auseinander, der „Flüchtlinge" sind doch junge Männer! Das wissen doch auch Sie! Das ist doch die Wahrheit! Warum kritisieren Sie diese polnischen Berichte - gegen besseres eigenes Wissen? In unserem Land hingegen, in unserem Staatsfernsehen und der gleichgeschalteten Presse gaukelt man den Menschen Tag für Tag ein völlig anderes Bild von „Flüchtlingen" vor. Es werden in manipulativer Weise stets Familien, vorzugsweise mit weinenden Kindern, gezeigt, so dass der unbefangene Zuschauer/Leser den Eindruck haben muss, es handele sich bei den "Flüchtlingen" in weit überwiegendem Maß um schutzbedürftige und hilflose Menschen. Von jungen kräftigen und wehrhaften Männern hingegen, die überwiegend die Flüchtlingsströme ausmachen, ist so gut wie nie die Rede, bzw. es werden darüber keine Bilder veröffentlicht.

So werden denn Ihre Leser darüber entscheiden, wer hier die Wahrheit und wer die Unwahrheit sagt, wer manipuliert und wer mit offenen Karten spielt. Sie jedenfalls, und darüber sollten Sie sich im Klaren sein, verspielen mehr und mehr das Vertrauen Ihrer Abonnenten um sich dann noch in scheinheiliger Weise darüber zu beklagen, dass diese Ihnen zunehmend den Rücken kehren.

Nicht veröffentlicht.

Leserbrief vom 17.01.2016 an die RZ

Cihan Sen sieht sich als deutscher Staatsbürger muslimischen Glaubens verletzt, wenn Muslime „...immer wieder in Generalverdacht geraten". Der Vorsitzende der türkisch-islamischen Gemeinde in Bad Kreuznach sorgt sich mit Blick auf die Kölner Silvesterereignisse um seine Gemeindemitglieder, insbesondere um muslimische Frauen, die „...vor allem wegen ihrer Kopftücher oft verbal angegriffen (werden)". Nun, in Köln waren es hunderte deutscher Frauen, die nicht nur verbal, sondern tätlich angegriffen wurden, die man beraubt, misshandelt, vergewaltigt und gedemütigt hat. Kein Wort des Mitgefühls oder Bedauerns von Cihan Sen zu diesen schrecklichen, in der Zukunft Schlimmes erwarten lassenden Vorfällen in Köln und weiteren deutschen Städten.

Auch ein Wort der Verurteilung der unsere Rechte und Kultur mit Füßen tretenden Täter hätte ihm gut zu Gesicht gestanden, ja, hätte man erwarten müssen. Stattdessen spricht er von Generalverdacht gegen Muslime, sieht also diese und nicht die geschändeten Frauen als Opfer, spricht gar von „...Öl ins Feuer (gießen)", von „...gefundenem Fressen" für sich durch diese Ereignisse bestätigt fühlenden Menschen und klagt darüber, „...dauernd in Verteidigungsposition zu sein"!

Herr Sen kann es drehen und wenden wie er will: alle Gewaltexzesse und aller Terror der letzten Jahre im Westen und darüber hinaus wurden von Muslimen verübt. Das beißt die Maus keinen Faden ab. Und wenn Tag für Tag tausende von Menschen überwiegend muslimischen Glaubens, von denen wir nicht wissen, woher sie kommen und was sie bei uns wollen, ohne Ausweispapiere die Grenzen unseres Landes illegal und damit gesetzeswidrig überschreiten, die bayerische Polizei spricht dabei von über 75%, ist es doch naiv und realitätsfremd, wenn hier nicht seitens der autochthonen Bevölkerung zwangsläufig ein Generalverdacht gegenüber diesen überwiegend muslimischen „Einwanderern" aufkommen muss. Wo sonst auf der Welt herrschen derartige Zustände? Das ist Anarchie!

Zudem befleißigen sich die deutschen Behörden, die Straftaten dieser Menschen vor den Augen der Bürger zu verheimlichen und unter dem Teppich zu verbergen, wie jetzt von einer wahrhaft bedauernswerten, weil von der Politik im Stich gelassenen und zudem noch zu deren Sündenbock als Ablenkung von der eigenen Unfähigkeit gemachten Polizei zu vernehmen ist. Derartiges Fehlverhalten der Verantwortlichen schürt doch weiteres Misstrauen und befördert zunehmend Ängste in der Bevölkerung. Der von Herrn Sen beklagte „Generalverdacht" jedenfalls lässt sich damit nicht ausräumen.

Nicht veröffentlicht.

Leserbrief vom 05.03.2016 an die RZ

„Leistungsrente muss über Steuermittel finanziert werden", so lautet die Überschrift zu einem Kommentar von Eva Quadbeck in Ihrer heutigen Ausgabe. Dieser Forderung hinsichtlich der möglichen Einführung einer Lebensleistungsrente ist voll umfänglich zuzustimmen. Unser umlagebasiertes Rentensystem kann nur dann dauerhaft funktionieren, wenn ihm nicht unablässig neue versicherungsfremde Leistungen aufgebürdet werden.

Beispiele hierfür gibt es genug: allein für die Wiedervereinigung unseres Landes, einer gesamtgesellschaftlichen Aufgabe, hat der Staat 190 Milliarden DM aus der Rentenkasse, der Altersvorsorge des kleinen Mannes, entnommen oder sollte man sagen gestohlen? Kriegsfolgelasten, Fremdrentengesetz, Hinterbliebenenversorgung, Kindererziehungsrenten und ab Juli 2014 die Mütterrente - alles politisch und gesellschaftlich gewollte und durchaus sinnvolle Sozialleistungen, die jedoch ohne jegliche Ansprüche, sprich Beiträge seitens der Leistungsempfänger gezahlt werden, statt sie aus Steuermitteln zu bestreiten.

Auch in Ihrem Kommentar werden, mal wieder, Äpfel mit Birnen verglichen, indem Mütterrente und Rente ab 63 in einen Topf geworfen werden. Um es ganz deutlich zu sagen: die Mütterrente ist eine (Renten)versicherungsfremde Leistung, die Rente mit 63 ist es nicht. Wer als 63jähriger nach 45 Beitragsjahren in Rente geht, erhält die sich aus seinen Rentenanwartschaften ergebende Rente, d. h. sein durch eigene und Beiträge seines früheren Arbeitgeber im Laufe des Erwerbslebens angespartes Kapital in Monatsraten ausgezahlt. Keinen Cent mehr (es zahlen weder Staat noch Rentenversicherung was dazu!)! Stirbt er bevor sein „Rentenguthaben" aufgebraucht ist, verfällt dieses zugunsten des Kollektivs. Ist ihm ein langes Leben vergönnt, belastet er die Rentenkasse über sein Beitragsguthaben hinaus.

In gleicher Weise, eben wie es bei der gesetzlichen Rentenversicherung auch sein sollte, funktionieren private Rentenversicherungen. Nach neuer Gesetzgebung hat sich geändert, dass der 63jährige Rentenempfänger nunmehr keine Abschläge in Höhe von 7,2% des ihm zustehenden Anspruchs hinnehmen muss, die man ihm zuvor kurzerhand konfiszierte.

Diese eklatante Ungerechtigkeit ist nun, zumindest vorübergehend, beseitigt. Die Mütterrente ist politisch und gesellschaftlich gewollt und in der Konsequenz daraus auch von der gesamten Solidargemeinschaft zu tragen, d. h. sie muss steuerfinanziert werden. Sie ist nicht beitragsgestützt und kann demzufolge nicht dem Kollektiv der Rentenversicherungspflichtigen angelastet werden. Das gleiche hat für eine neu einzuführende Lebensleistungsrente für nicht beitragserworbene Ansprüche zu gelten.

Nicht veröffentlicht.

Leserbrief an die RZ vom 16.03.2016

Nachgetreten

Ihrem heutigen Bericht im Kirner Lokalteil zufolge, sieht Herr Bursian von der FDP das großartige Abschneiden der AfD bei den Landtagswahlen als ein Ergebnis von Leichtfertigkeit ihrer Wähler, behauptet er doch, diese „...hätten sich nicht die

Mühe gemacht, das (AfD) Programm zu durchforsten". Woher nimmt Herr Bursian diese Erkenntnis?

Umgekehrt wird ein Schuh draus! Eben weil die AfD-Wähler sich die Entscheidung für diese demokratisch legitimierte Partei nicht leicht gemacht haben dürften, ist davon auszugehen, dass sie ihr Wahlprogramm sehr genau studiert haben und die FDP im direkten Vergleich dabei den Kürzeren gezogen hat. Die Wahlergebnisse unterlegen diese These in eindeutiger Weise: In Kirn erhielt die AfD stolze 13,6 %, die FDP hingegen nur magere 5,8% der Zweitstimmen!

Nachdem sich das AfD-Bashing vor den Wahlen als Rohrkrepierer erwiesen hat, sollte er das schlechte Wahlergebnis im Vergleich zur AfD nicht dazu nutzen, nun AFD-Wählerbashing zu betreiben und in unfairer Weise gegen all die Bürger nachzutreten, die sich von seiner und den sogenannten etablierten Parteien schon lange nicht mehr vertreten fühlen.

Leserbrief vom 10.04.2016 an die RZ

„Verurteilen", so lautet die Überschrift eines Leserbriefes in Ihrer Ausgabe vom 09.04., in dem die Autorinnen des Artikels, Muslima, mit deutlichen Worten die Silvestervorkommnisse in Köln verurteilen (ähnliche Übergriffe gab es zeitgleich auch in mehreren anderen Städten in unserem Land, was hier unerwähnt bleibt). Die Distanzierung von den „Übergriffen der Peiniger" ist ausdrücklich zu würdigen und anzuerkennen.

Bei fortschreitender Lektüre zeigt sich dann aber zunehmend, dass das, was man vorgibt nicht zu wollen, nämlich zu relativieren, dann doch tut, indem man darauf hinweist „…dass Missbrauch hierzulande seit vielen Jahren ein Thema ist". Hierbei wird ausgeblendet, dass Gewalt gegen Frauen ein weltweites Problem, nicht etwa ein Phänomen von „hierzulande" darstellt und in keiner Weise dazu geeignet ist, mit den sexuellen Übergriffen in der Silvesternacht in einen Topf geworfen zu werden.

Die Silvestervorkommnisse in mehreren Städten unseres Landes sind in ihrer Dimension und ihrer Verabscheuungswürdigkeit einmalig und ohne Beispiel in der Geschichte der Bundesrepublik Deutschland, ja global, wie man den bestürzten, teilweise ungläubigen Reaktionen der ausländischen Presse entnehmen konnte. Der Versuch, eine Parallele zu ziehen zwischen Übergriffen auf „öffentlichen Plätzen" (wo und wann?) und „im Verborgenen" geht entschieden am beschriebenen Problem vorbei und stellt in der Tat den Versuch dar, zu relativieren.

Was die Silvesterereignisse zudem ans Tageslicht befördern und was zumeist unerwähnt bleibt, ist eine vollkommene Respekt- und Rücksichtslosigkeit der Täter gegenüber der Gastfreundlichkeit seines Gastgebers, dem Deutschen Volk, dessen Hilfe und Unterstützung sie, die Täter (dem Vernehmen nach überwiegend nicht asylberechtigte junge Afrikaner islamischen Glaubens) als Selbstverständlichkeit in Anspruch nehmen, ein Gastgeber der ihnen Schutz und Sicherheit bietet, sie mit Unterkunft, Verpflegung, Taschengeld, Kleidung versorgt, ihnen die Infrastruktur seines Landes zur Verfügung stellt, ihnen medizinische Hilfe zuteil werden lässt, ohne für all das eine Gegenleistung einzufordern. Ist es in Anbetracht all dessen zu viel von den „Gästen" verlangt, kriminelle Handlungen in einem fremden Land zu unterlassen, zumindest elementare Regeln des friedlichen Zusammenlebens zu respektieren, Rücksichtnahme zu üben, gar Dankbarkeit zu zeigen? Nein, ist es nicht! Stattdessen vergeht man sich auf brutale, niederträchtige Weise an den Frauen seiner Wohltäter.

Die offene Benennung von Missständen und Fehlentwicklungen, und dazu gehören ohne Zweifel die Silvesterereignisse in unserem Land, sind das Gegenteil dessen, was in dem Leserbrief als „Feuer an der falschen Stelle (zu) schüren", bezeichnet wird. Vertuschungs- und Verschleierungsversuche, wie im Gefolge von Köln geschehen, untergraben das Vertrauen in unseren Rechtsstaat und berauben ihn letztlich seiner Legitimation.

Die Reaktionen der Bürger darauf sprechen eine eindeutige Sprache.

Nicht veröffentlicht.

Leserbrief vom 16.04.2016 an die RZ

Der Verfasser des Leserbriefs vom 16.04., „Ein Clou", irrt, wenn er behauptet: „...(dass) aufgrund bei uns geltender Gesetze (§§103,104a StGB) es unumgänglich (war), die Genehmigung (zur Auslieferung Böhmermanns) zu erteilen". Im zitierten §103 heißt es: „Wer ein ausländisches Staatsoberhaupt..., dass sich im Inland (Anm.: Deutschland) aufhält...beleidigt, wird mit Freiheitsstrafe von... bestraft".

Weder hat sich Erdogan in privater, noch in amtlicher Mission zum Zeitpunkt der Sendungsausstrahlung in unserem Land aufgehalten. Somit bestand keine Rechtsgrundlage dafür, Erdogans Ersuchen an die Kanzlerin nach einer Strafverfolgung Jan Böhmermanns Folge zu leisten und damit einen deutschen Staatsbürger auf Geheiß eines ausländischen Staatsmanns fremder Gerichtsbarkeit auszuliefern. Die moralische Bewertung der Merklschen Entscheidung mag ein jeder für sich selbst vornehmen.

Leserbrief vom 16.05.2016 an die RZ

Malu Dreyers Kabinettstück oder wie geht so was zusammen?

Nun steht sie also, die sog. Ampelkoalition aus SPD, FDP und Grünen. Als Kabinettstück, nach der Diktion in Ihrem Artikel, ist das Ergebnis der Koalitionsverhandlungen durchaus zutreffend bezeichnet. Das Prädikat Meisterstück hingegen würde eine Seriosität implizieren, die, für jedermann offenkundig, hier nirgendwo erkennbar ist. Das Ergebnis des Koalitionsvertrages und die Zuordnung der Resorts, insbesondere in den Bereichen Umwelt und Energie, konterkarieren den Wählerwillen in geradezu eklatanter Weise. Dieser, der Wählerwille, ist für die rheinland-pfälzischen Koalitionäre heutzutage obsolet, er wird nicht (mehr) respektiert.

Wie anders ist es zu interpretieren, wenn die Partei „Die Grünen" nach ihrer desaströsen Wahlschlappe, bei der sie Zweidrittel ihrer Wählerschaft einbüßt und mit dem knappst möglichen Ergebnis gerade noch in den Landtag einzieht, nun mit dem Umwelt- und Energieministerium belohnt wird, somit gerade das Politikfeld in der kommenden Legislaturperiode „verantworten" wird, in dem sie kläglich versagt hat und wofür ihr der Wähler unmissverständlich die rote Karte gezeigt hat?

Auf all die guten Vorsätze und lauthals verkündeten hehren Absichten der FDP vor der Wahl und

ihrem Totalumfall hinterher sei hier ebenfalls eingegangen. Im Gegensatz zu Herrn Wissings Vor-
Wahl-Bekundungen, ihm gehe es nicht um Posten
und Dienstwagen und eine politi-
sche Zusammenarbeit in der Regierung mit den
„Grünen" sei für ihn, sinngemäß, undenkbar, ist
nach der Wahl nichts übriggeblieben; sie haben
sich in Luft aufgelöst. Nach dem Motto, „was
kümmert mich mein Geschwätz von gestern" hat
die FDP den Verlockungen von Posten, Macht und
Dienstwagen nicht widerstehen können und ist,
wieder einmal, umgefallen. Die Anreize von eben-
diesen und sonstigen Privilegien waren denn doch
stärker und hat sie alle ihre Vorsätze bedenkenlos
über Bord werfen lassen. Nach wegweisenden politischen Akzenten für die Zukunft unseres Landes
seitens dieser Partei, wie auch der anderen Regie-
rungsparteien, sucht man hingegen im Koalitionsvertrag vergebens.

Es ist so, wie dieser Tage in einem Zeitungs-
Kommentar zu lesen war: „Egal, wie deutlich der
Wähler seinen Unmut über politische Fehlent-
scheidungen und Fehlbesetzungen kundtut - am
Ende teilen sich die Versager die Pfründe doch
wieder nur untereinander auf". Dem ist nichts
hinzuzufügen. Leider!

Leserbrief vom 19.05.2016 an die RZ

Der Milchpreis befindet sich im Sinkflug, so der Tenor Ihres Berichts vom 19.05.. Die Hauptursache dieses für Milchbauern Existenz gefährdenden Umstandes sieht der Bauernverbandschef Thilmann in dem Russlandembargo von Milchprodukten als Konsequenz aus den im Jahre 2014 verhängten Wirtschaftssanktionen des Westens gegen eben dieses Land. Kompensieren will die Exportverluste Landwirtschaftsminister Schmidt mit einem Soforthilfeprogramm (des Bundes) in Höhe von 100 Millionen Euro, selbstverständlich finanziert mit Steuergeldern. Ausdrücklich begrüßt wird diese Maßnahme dem Bericht zufolge von Julia Klöckner.

Sehr verehrte Frau Glöckner, statt, wie üblich, mal wieder dem ohnehin fortwährend geplünderten Steuerzahler in die Tasche zu greifen und ihn für eklatante politische Fehlleistungen Ihrer Regierungschefin zur Ader zu lassen, sollten Sie sich bei Frau Merkel - dem Vernehmen nach sind Sie eine ihrer Vertrauten - für die sofortige Abschaffung der ebenso unsinnigen wie kontraproduktiven, nichts Gutes bewirkt habenden Sanktionen gegen Russland mit dem gebotenen Nachdruck einsetzen. Damit und nicht mit den unnötigen wie kostspieligen Staatshilfen an hart arbeitende Milchbauern, womit Sie, beiseite bemerkt, diese unverschuldet in eine für sie als diskriminierend zu empfindende Situation als Almosenempfänger bringen, hätten Sie einen innovativen Beitrag zur Beendigung des unverantwortlichen, unserem Land in jeglicher Hinsicht schadendem Wirtschaftskriegs gegen Russland geleistet.

Aber, weit gefehlt, Sie empfehlen den Griff in Bürgers Tasche, der Weg des geringst zu erwartenden Widerstands. Wie lange noch wird sich dieser das gefallen lassen?

Nicht veröffentlicht.

Leserbrief vom 08.06.2016 an die RZ

Zum Artikel in der RZ: „Anakonda soll Putin abschrecken"

Die VSA im verhängnisvollen Bunde mit ihren angelsächsischen Waffenbrüdern wollen die Unterwerfung Russlands. Das Land mit seinen reichen Bodenschätzen soll ins anglo-amerikanische Imperium einverleibt werden. Daran kann es keinen Zweifel geben. Alle anderen Verlautbarungen, beispielsweise die einer akuten militärischen Bedrohung durch Russland, sind an den Haaren herbeigezogen und dienen lediglich der Rechtfertigung dessen was wir derzeit an üblen Provokationen in Richtung dieses Landes erleben.

Das Aufstellen von Raketensystemen entlang der russischen Grenze, Stationierung einer amerikanischen Panzerbrigade in Polen, Nato-Großmanöver in Polen, Truppenaufmarsch mit Beteiligung der Bundeswehr (Deutsche an die Ostfront!) um die Oblast Kaliningrad - entgegen bestehender Verträge, Aufnahme Montenegros in die Nato und deren Osterweiterung, auch im Widerspruch zu gegebenen Versprechen, geplante Verlängerung des Wirtschaftskrieges gegen Russland (zum eigenen Schaden), Behinderungen bei der Weiterführung der South-Stream Gaspipeline und unzählige weitere Provokationen und Schikanen mit dem Ziel, Russland in die Knie zu zwingen unter Inkaufnahme des Risiko eines militärischen Erstschlages des so in die Enge getriebenen Landes.

Auf Europa, und schon gar nicht auf Deutschland, nehmen Obama und seine Nato-Getreuen irgendwelche Rücksichten. Mitnichten - sie erfahren dazu noch die beflissene und tätige Unterstützung unserer, das eigene Volk im Stich lassenden Regierung. Wir, das deutsche Volk, lehnen jegliche Konfrontation entschieden ab. Wir wollen keinen Krieg mit Russland. Wir würden ihn auch nicht überleben.

Wir wollen in Frieden leben mit einem Land, dem wir schon einmal unsägliches millionenfaches Leid zugefügt haben und dem wir die Wiedervereinigung unseres Vaterlandes zu verdanken haben. Die sofortige Umkehr auf dem verhängnisvollen Weg der offensichtlich eskalierenden militärischen Drohgebärden seitens des Westens ist das Gebot der Stunde. Doch wer in unserer Regierung will einen solchen Kurswechsel herbeiführen?

Nicht veröffentlicht.

Leserbrief vom 30.06.2016 an die RZ

Zum geplatzten Verkauf des Flughafens Hahn

Die zweifellos noch bei vielen Mitgliedern der FDP vorhandenen Bestände an Glaubwürdigkeit und Integrität sollte diese Partei jetzt aktivieren um damit ihren Koalitionspartnern in der Landesregierung nach dem Totalversagen beim Verkauf des Flughafens Hahn die rote Karte zu zeigen. Zur Rettung der eigenen Haut sollte sie, solange es noch nicht zu spät ist, diese Regierungskoalition verlassen und sich selbst offen und ehrlich eingestehen, dass sie einen Bund eingegangen ist, der von Anfang an aufgrund unüberbrückbarer Gegensätze zu ihren jetzigen Partnern zum Scheitern verurteilt war.

Wenn auch die FDP eine geradezu meisterliche Fertigkeit im Schlucken von politischen Kröten mit dem Ziel der eigenen, nahezu bedingungslosen Teilhabe an der Macht entwickelt hat, gibt es Interpretationsgrenzen, jenseits derer die Verlockungen von Privilegien und Dienstwagen für jedermann erkennbar allzu offensichtlich werden und damit alle hehren Bekundungen zu von ihr als notwendig erachteten politischen Veränderungen in unserm Land ad absurdum führen.

Nach noch nicht einmal einhundert Tagen offenbart sich bereits jetzt schonungslos die Unfähigkeit dieser Landesregierung. Die FDP ist ein Teil davon. Sie könnte diesem Spuk ein Ende bereiten - zur Wiederherstellung verloren gegangener eigener Glaubwürdigkeit und zur Abwendung weiteren Schadens von unserem Land.

Nicht veröffentlicht.

Leserbrief vom 02.07.2016 an die RZ

Messen mit zweierlei Maas

Zu Ihrem Tages-Thema vom 02.07., „Ein neuer Kalter Krieg in Europa"

Man stelle sich einmal das folgende Szenario vor: Großmanöver der russischen Seestreitkräfte in unmittelbarer Nähe der Hoheitsgewässer vor der US-amerikanischen Ostküste. Flankierend dazu Aufmärsche russischer Bodentruppen an Mexikos Grenze zu den USA. Was würde wohl passieren? Die Antwort darauf erübrigt sich, die Folgen vermag sich jeder selbst vorzustellen (oder etwa doch nicht, weil unvorstellbar?).

Wir Älteren erinnern uns noch schaudernd an das Jahr 1962, die Kuba-Krise, wo die Welt vor dem Abgrund stand, wo ihr (atomares) Ende drohte.

Das beschriebene Szenario ist eine Fiktion, die Folgen einer solchen eine Horrorvorstellung. Doch exakt diese zeichnet sich derzeit ab, nicht etwa jenseits des Atlantiks, sondern vor den Toren Russlands. Flottenverbände der Nato/USA im Schwarzen Meer und in der Ostsee, mehrere Divisionen starke Kampftruppen des „Verteidigungsbündnisses" entlang Russlands Westgrenze und rund um die Oblast Kaliningrad, sowie Aufbau und Inbetriebnahme von Raketenstellungen in Rumänien und Polen, wo man nun kleinlaut zugeben muss, dass sie doch nicht, wie uns damals entgegen der Wahrheit versichert wurde, gegen den Iran gerichtet sind, sondern auf Russland zielen. Nicht auszudenken was geschehen würde, geschehen wäre, wenn im Kreml statt besonnener Politiker wie Putin und Lawrow die Falken in Nato und Pentagon das Sagen hätten.

„Wahrscheinlich stehen wir sogar vor einem heißen Krieg", mit diesen Worten wird niemand geringeres als Litauens Präsidentin zitiert. Die Dramatik in dieser Aussage sollte uns alle aufrütteln, wären doch gerade wir die Opfer als Folge des dann zu erwartenden Infernos. Aber nein, es herrscht business at usual vor, man verschließt die Augen vor der uns bedrohenden tödlichen Gefahr. Stattdessen setzen sich Frau Merkel und Frau von der Leyen mit ihren Ankündigungen, mehr „Verantwortung" übernehmen zu wollen (was immer das auch heißen mag) mit einer deutlichen Erhöhung der Rüstungsausgaben sowie der Übernahme einer führenden deutschen Rolle in der Nato an die Speerspitze einer als verhängnisvoll anzusehenden, sich zuspitzenden militärischen Konfrontation mit einem Nachbarn, der uns nichts getan hat, dem hingegen wir unendliches Leid zugefügt haben und welchem wir Dank für die Wiedervereinigung unseres Landes schulden.

Dank indes sieht anders aus. Ungeniert, dreist und wortbrüchig hat sich der Westen, und damit auch wir, Russland gegenüber verhalten, indem er der russischen Regierung im Gegenzug zu derer Zustimmung zur Wiedervereinigung einen Verzicht auf eine weitere Nato-Osterweiterung versprach. Daran hat man sich nicht gehalten. Das Gegenteil davon hat man getan. Nach der kürzlich erfolgten Einverleibung Montenegros ins US-Nato Imperium streckt das „Verteidigungsbündnis" nun seine Gierfinger nach Schweden, Finnland und Georgien aus einzig mit dem Ziel, die Schlinge um Russlands Hals weiter zuzuziehen. Wer sich dieser Einsicht (immer noch) verweigert verhält sich realitätsverweigernd, er möge einen Blick auf die Landkarte werfen und das heutige Natogebiet mit dem des Jahres 1990 vergleichen.

Nun also ist es wieder mal so weit. Ein neuer Russlandfeldzug wird vorbereitet. Frank Walter Steinmeier spricht von „NATO-Säbelrasseln, Kriegsgeheul, Panzerparaden an der Ostgrenze des Bündnisses". Allein, was hat ihn zu dieser neuen Wahrnehmung gebracht? Hat er Äpfel vom Baum der Erkenntnis gegessen und ist darüber vom Saulus zum Paulus geworden? Erinnert er sich plötzlich seiner Verantwortung gegenüber seiner Familie, seiner Tochter? Ist es ihm wie Schuppen von den Augen gefallen und hat er erkannt, welcher Gefahr wir durch die derzeitige aggressive Nato-Politik ausgesetzt sind? Was will er mit seinen Äußerungen bezwecken, gar ändern? Auch er ist ein (maßgeblicher) Akteur und Architekt bundesrepublikanischer Politik sowie ein Natostratege. Die heutige Situation im Herzen Europas hat er mitgetragen, mit gestaltet, muss sie mitverantworten um nun plötzlich und unvermittelt zu einer völlig neuen Erkenntnis zu gelangen? Wer nimmt ihm das ab, wer glaubt das, was steckt dahinter? Wir wissen es nicht. Er lässt uns im Zweifel zurück. Wir sollten uns ernsthafte Sorgen machen. Die Entwicklung im Osten verheißt nichts Gutes.

Leserbrief vom 02.08.2016 an die RZ

Zum Kommentar in der Ausgabe vom 02.08., „EU darf sich nicht von der Türkei erpressbar machen"

Nein, nicht die EU war es, die sich auf den windigen Deal mit dem unberechenbaren Despoten vom Bosporus eingelassen hat. Angela Merkel war es. Sie ist die Architektin, wie Sie in einem weiteren Artikel bemerken, und Hauptverantwortliche für diesen unverantwortlichen Kuhhandel. Als ihr, der Kanzlerin, als Folge ihrer durch nichts zu rechtfertigenden Grenzöffnung das Wasser bis zum Halse stand und daraus ihr politischer Exitus drohte, hat sie sich einem menschenverachtenden Diktatoren nahezu bedingungslos an den Hals geworfen. Es war auch nicht „man", wie Sie vage schreiben, dem man „vertraute". Dieser "man" war Angela Merkel herself, die in höchster Not nach dem Strohhalm griff, der ihr Überleben sichern sollte. Währenddessen schufen, entgegen der Darstellung in Ihrem Kommentar, Österreich und Schweden klare Fakten, indem sie ihre Grenzen schlossen. Mit dem Erdogan-Deal hatte das nicht das Geringste zu tun.

Die Visegrad-Staaten, ebenfalls EU-Mitglieder, schützten/schützen sich selbst und Ihre Bürger und damit paradoxer Weise auch uns, indem sie ebenfalls ihre Grenzen dichtmachten, nachdem sie zu der Einsicht gelangt waren, dass sie von den Maulhelden der EU-Administration keine Hilfe zu erwarten hatten, wie das übrigens, am Rande sei´s erwähnt, auch die Briten mit ihrer klugen Brexit-Entscheidung (auch das eine Folge merkelscher Irrwege) erkannten. Alle anderen EU-Staaten verweigerten sich entweder komplett der Masseneinwanderung oder legten Obergrenzen fest.

Wer kann´s Ihnen verdenken? Wer bestellt, der bezahlt, so lautet das Prinzip. Somit kann festgehalten werden, dass einziger Verlierer und Gelackmeierter dieses Desasters wieder einmal, selbst verschuldet, unser Land ist. Weiterer Schaden dräut bereits am Horizont. Der Familiennachzug wird ausgeweitet und die von der Türkei geforderte Visafreiheit wird kommen. Damit einhergehend werden wir uns dann den türkisch-kurdischen Konflikt in unser? Land holen. Herzlichen Glückwunsch, Frau Merkel, wieder einmal eine politische Glanzleistung. Aber, nur keine Fehler zugeben, denn wir, das Volk, schaffen das.

Die beiden letzten Absätze des Leserbriefes wurden nicht veröffentlicht.

Leserbrief vom 13.08.2016 an die RZ

Dem Kommentar der Leserin in Ihrer heutigen Ausgabe, wonach Burka und Frauenquote unvereinbar sind, ist ohne wenn und aber zuzustimmen. Ein weiteres Paradoxon des Innenministers in Zeiten des Terrors sind Vorratsdatenspeicherung, Geldwäschegesetz und Videoüberwachung, überwiegend gerichtet gegen unbescholtene Bürger unseres Landes, Stichwort: „Generalverdacht", auf der einen Seite und die Duldung maximalbestoffter Zeitgenossinnen/-Genossen (von denen niemand weiß, was und wer sich unter der Vermummung verbirgt) u. a. auf öffentlichen Plätzen und in überfüllten Fußgängerzonen auf der anderen Seite. Die darin drohenden Gefahren für die

Bevölkerung werden schlichtweg ignoriert, bestenfalls kleingeredet.

Der Herr Minister hingegen verbarrikadiert sich kleinmütig zur Abwehr des geforderten und dringend gebotenen Burkaverbots hinter „verfassungsrechtlichen Bedenken", statt beherzt eine Verfassungsänderung in die Wege zu leiten. „Zuerst kommt der Mensch, dann (erst!) kommt die Menschenordnung" heißt es in dem Roman, „ Der Hauptmann von Köpenick" von Carl Zuckmayer. Mit anderen Worten, das Gesetz hat dem geordneten Zusammenleben menschlicher Gemeinschaften zu dienen, nicht andersrum. Wenn unser Grundgesetz den heutigen Sicherheitsanforderungen des Staates und seiner Bürger nicht mehr genügt, dann muss es eben angepasst, geändert werden. Und das ist die Aufgabe der Regierung, dafür ist sie gewählt. So einfach ist das, sehr geehrter Herr de Maiziere.

Leserbrief vom 31.09.2016 an die RZ

Die historische Dimension mit tiefgreifenden Auswirkungen auf unser Land und unsere Gesellschaft würdigend, widmen Sie sich in Ihrer Ausgabe vom 31.08. mit gleich sieben Beiträgen der sog. „Flüchtlingskrise". Im Leitartikel befasst sich der Autor mit der merkelschen „Wir-schaffen-das-Willkommenspolitik". Die Aussagen und Bewertungen des Verfassers dienen ganz offensichtlich dem Ziel, Merkel aus der Schusslinie und andere für ihr fortbestehendes unverantwortliches Handeln in Haft zu nehmen. Dieser Versuch einer Legendenbildung fordert entschiedenen Widerspruch heraus.

In dem Text heißt es: „...nein, die Kanzlerin hat es sich damals nicht zu einfach gemacht..." Ja, was denn sonst, fragt sich der verblüffte Leser? Hat sie etwa unsere mitbetroffenen europäischen Partner vor ihrer Entscheidung konsultiert? Hat sie ihr Kabinett, ihre Koalitionspartner in Kenntnis gesetzt, die Volksvertretung, das Parlament, einbezogen oder gar den Souverän, das Volk selbst, das das schaffen soll, gefragt ob es das schafft oder überhaupt schaffen will? Die Antwort darauf kennt jeder im Land. Frau Merkel hat es sich sehr einfach gemacht, und, das „kollektive Gedächtnis" erinnert sich sehr wohl daran.

Aus einer Kabinettssitzung wird sie, bis heute unwidersprochen, mit den Worten zitiert: „Mir doch egal, jetzt sind sie (die sog. Flüchtlinge) halt da"! Zeugt etwa diese, sie entlarvende Aussage in einer existenziellen Frage unseres Volkes, vom Erkennen des Ernstes der Lage durch die Regierungschefin? Frau Merkel hat den Schaden angerichtet, nun sollen wir die Suppe auslöffeln ("wir schaffen das"), die sie uns, ohne Not, eingebrockt hat.

Es kann auch nicht die Not einer heraufziehenden „humanitären Katastrophe", wie es im Artikel heißt, gewesen sein, die Merkel zu ihrer einsamen Entscheidung bewog. Schon gar nicht war es ein „kaltherzig und unberechenbar agierender" Premier Orban, dem der Kommentator in wärmendem Gekuschel mit der Regierung meint, alle Schuld für Merkels bis heute nicht zurückgenommene Grenzöffnung in die Schuhe schieben zu können. Unberechenbar war Orban zu keiner Zeit. Er, Orban, war und ist es, der sich konsequent an Recht und Gesetz hielt und hält, während die Kanzlerin sich unentwegt und andauernd darüber hinweg setzt. Wer nun ist der, die Unberechenbar(e)?

Zur drohenden „humanitären Katastrophe" sei noch folgendes vermerkt. Das ultimative Recht eines jeden souveränen Staates auf der Welt ist es zu wissen, wer über seine Grenzen kommt und wer sich in seinem Land aufhält. Es gilt dieses Selbstverständnis seit dem 4.9.2015 nicht mehr für unser Land. Den per Bahn angereisten „Flüchtlingen" auf dem Budapester Bahnhof „drohte" nichts weiter, als ihre Registrierung, welcher sie sich dann allerdings durch den Marsch nach Österreich, übrigens mit Marschverpflegung vom ungarischen Staat, entzogen. Eine "humanitäre Katastrophe" sieht anders aus.

Der Autor bezweifelt den wirksamen Schutz von Außengrenzen. Österreich und Ungarn hingegen haben eindrucksvoll demonstriert, dass und wie das möglich ist. Das kleine Land Mazedonien hat seine Grenzen mit Dorfpolizisten gegen massenhaft anstürmende Einlassbegehrende überaus erfolgreich verteidigt und der EU, respektive Deutschland, sollte das mit einer ganzen Armee nicht möglich sein? Wozu, so muss die Frage lauten, brauchen wir dann noch einen Grenzschutz, eine Bundeswehr? Oder gar Grenzen? Sind wir überhaupt noch ein Staat?

Eine „Quote" und „klare Ansagen", das ist es, was die Menschen in unserem Land sehnlichst und mit vollem Recht von ihrer Kanzlerin, von Frau Merkel erwarten. Bisher ist allerdings in dieser Hinsicht Fehlanzeige auf ganzer Linie zu vermelden.

Nicht veröffentlicht.

Leserbrief vom 23.10.2016 an die RZ

Die gute Nachricht vorweg. Die Mehrheit der EU-Staatschefs hat weitergehende Sanktionen gegen Russland abgelehnt. Mit ihrer Forderung nach Verschärfung des für alle Seiten ökonomisch ruinösen und politisch kontraproduktiven Wirtschaftskrieges gegen die russische Föderation ist Kanzlerin Merkel gescheitert. Die Vernünftigen haben gesiegt. Die Unvernunft hat die ihr gebührende Niederlage erlitten. Wie schon bei der sogenannten „Flüchtlingspolitik" hat Frau Merkel unser Land damit innerhalb der EU weiter in die Isolation getrieben. Das ist die schlechte Nachricht.

Dazu gesellt sich der zusehends erbärmlicher werdende Zustand Europas. Es droht zu zerbrechen als eine Folge alternativloser Politik unter dem dominierenden Einfluss von Frau Merkel: Euro - gescheitert, Griechenland - bankrott, Bankenrettung - eine Farce, „Flüchtlingskrise" - Drohungen an unsere europäischen Partner, Schengenabkommen - gebrochen, England - rette sich wer kann (vor diesem Europa), Russland - siehe oben.

Im eigenen Land hat die Kanzlerin mit ihrem eigensinnigen Beharren auf nicht haltbaren Positionen bei der unkontrollierten Massenzuwanderung den gesellschaftlichen Konsens nachhaltig zerstört und zwei sich feindlich gegenüberstehende Lager geschaffen. Die angeblich mächtigste Frau der Welt stellt mit ihrer destruktiven und nicht verantwortbaren Politik mittlerweile eine unkalkulierbare Gefahr für Frieden, Freiheit und Wohlstand Deutschlands und Europas dar. Der von ihr und durch sie verursachte Schaden ist immens, möglicherweise irreparabel. Sie sollte zurücktreten. Ihr Vertrauenskapital ist aufgebraucht. Restlos.

Nicht veröffentlicht.

Leserbrief vom 01.11.2016 an die RZ

Staat und Rente

In geradezu schamloser und zynischer Weise emp-
fiehlt (zum wievielten Mal schon?) die Bundesregierung ihren Bürgern einer schon jetzt absehbaren
Altersarmut mit mehr Eigenvorsorge zu begegnen.
Dabei stellt sich die Frage, ob Frau Nahles den
Bezug zu den Realitäten in unserem Land völlig
verloren hat oder, schlimmer noch, sich gar über
ihre Landsleute lustig macht. Gerade die am
stärksten von Altersarmut bedrohten Bürger sind
es, die im Niedriglohnsektor und in prekären Ar-
beitsverhältnissen beschäftigt und am allerwenigs-
ten in der Lage sind, der Forderung nach privater
Vorsorge nachzukommen. Verschärfend hinzu
kommt eine von der Bundesregierung gestützte
Nullzins-Politik der EZB, die jegliche Ansparpro-
gramme zur Altersvorsorge ad absurdum führt.

Und es ist eben dieser Staat, der sich in geradezu
dreister Weise an der Altersvorsorge des kleinen
Mannes bedient. Etwa 40% der Ausgaben der gesetzlichen Rentenversicherung (GRV) sind versicherungsfremde Leistungen, die ihr vom Staat
aufoktroyiert wurden und werden und für die die
Begünstigten dieser Leistungen nie Beiträge eingezahlt haben. Darüber hinaus hat er, der Staat, bei
der Wiedervereinigung in konfiskatorischer Weise
190 Milliarden DM aus der beitragsfinanzier-

ten Rentenkasse entnommen oder sollte man sagen gestohlen?

Ein Skandal! Kriegsfolgelasten, Fremdrentengesetz, Hinterbliebenenversorgung, Kindererziehungsrenten und ab 1. Juli 2014 die Mütterrente, alles politisch gewollte Sozialleistungen, die ohne jegliche Ansprüche aus der GRV gezahlt werden, statt sie aus Steuermitteln zu bestreiten. Allein im Zeitraum 1992 bis 2012 wurden Jahr für Jahr 22 Milliarden Euro für die Bezahlung von Fremdleistungen aus der GRV entnommen.

Durch den massenhaften Zustrom ungebildeter Armutsflüchtlinge, die im überwiegenden Maße nie Beiträge werden erbringen können, dafür aber umso sicherer als zukünftige Leistungsempfänger der GRV zur Last fallen werden, ist hier eine strikte Kehrtwendung unverzichtbar, soll das gesamte System nicht kollabieren. Entschlackt durch diese und weitere rentenversicherungsfremde Leistungen stünde die GRV in unserem Land bestens da und es brauchte sich keiner um ihren Fortbestand oder gar ihre drohende Zahlungsunfähigkeit zu sorgen, geschweige denn müsste sie durch staatliche (Schein)Transfers gestützt werden.

Allein diese Tatsachen werden der Öffentlichkeit bewusst verschwiegen. Stattdessen zwingt man die Bürger in windige private Altersvorsorgemodelle mit der Begründung des demografischen Wandels, aus dem resultierend eine ausreichende

Altersrente aus der GRV zukünftig nicht mehr bezahlbar sei.

Wissenschaftliche Studien hingegen belegen das Gegenteil. Auch diese verbirgt man geschickt vor den Bürgern. Stattdessen wird man das Rentenniveau als Folge der letzten Rentenreform in den kommenden Jahren auf 43 Prozent des Nettolohnes reduzieren, wobei die gleichzeitige Erhöhung des Renteneintrittsalters eine zusätzliche Absenkung bedeutet. Und so drängt sich die Frage auf, für wessen Interessen dieser Staat überhaupt noch steht. Eines ist sicher: es sind nicht die seiner Bürger.

Leserbrief vom 14.12.2016 an die RZ

„Will Putin die Wahl zum Bundestag beeinflussen?" So lautet die Überschrift eines Artikels auf der Titelseite Ihrer heutigen Ausgabe. Die Frage ist durchaus berechtigt und aus Sicht des Kremlchefs erscheint es aus vielerlei Gründen nachvollziehbar, eine erneute Amtszeit von Angela Merkel durch gezielte Einflussnahme möglichst zu verhindern. Sollte die Nachricht zutreffen, so steht er mit diesem Wunsch nicht allein. Vielmehr ist dieser deckungsgleich mit dem vieler Bürger unseres Landes, die ebenfalls der Kanzlerin die Lösung der von ihr selbst geschaffenen Probleme nicht zutrauen und einem Politik(ker)wechsel förmlich entgegenfiebern.

Angesichts des auch der CDU-Führungsriege nicht entgangenen Stimmungsumschwungs im Land als eine Folge des Komplettversagens unserer Kanzlerin, sucht man schon jetzt nach Schuldigen für ihr sich abzeichnendes Wahldesaster bei der nächstjährigen Bundestagswahl. Diesen hat man denn auch schon, wenngleich noch nicht tätig geworden -sozusagen rein präventiv- ausfindig gemacht. Es ist der russische Präsident Wladimir Putin. In ihm sieht man die Inkarnation des Bösen, er ist es, der von unseren Regierenden und ihren medialen Hilfstruppen mittlerweile für alles Elend, für alle Nöte dieser Welt und ihrer Menschen verantwortlich gemacht wird, für alle Kriege, für den Brexit, den Trump-Sieg, ja selbst für die Vogelgrippe, wie dieser Tage in der RZ impliziert wurde.

Zudem sprachen sich, so heißt es weiter im Artikel, Politiker von CDU und CSU für ein „verschärftes Vorgehen gegen Falschmeldungen bis hin zu strafrechtlichen Konsequenzen aus". Nur zu, möchte man diesen Volksvertretern ermunternd zurufen. Gerade das ist es, worauf der Wähler sehnlichst wartet, worauf er Anspruch hat. Beginnt damit bei euch und euren willigen Hofberichterstattern in den Zeitungsredaktionen und im zwangsfinanzierten ÖR. Was habt ihr uns Bürgern nicht alles als Wahrheit verkauft, das sich später als unwahr um nicht zu sagen als glatte Lüge herausgestellt hat.

Beispiele gefällig? Gerne! Keine Nato-Osterweiterung! Die Rente ist sicher! Keine Mehrwertsteuererhöhung! Kein Land haftet für die Schulden eines anderen! Mit mir (Merkel) wird es keine Maut geben! Keine weiteren Hilfspakete nach Griechenland! Keine Überschreitungen weiterer roter Linien! Die sog. „Energiewende" wird pro Haushalt und Monat nicht mehr kosten, als eine Kugel Eis usw, usf...!

Nein, zur Abwahl unserer jetzigen Regierung bedarf es keiner Unterstützung durch Putin. Das wenigstens „schafft" Frau Merkel ganz allein, ohne fremde Hilfe, im Alleingang.

Nicht veröffentlicht.

Leserbrief vom 09.01.2017 an die RZ

Postfaktisch

Zum Kommentar von Thomas Spang in Ihrer heutigen Ausgabe, in dem dieser die Frage stellt, warum Donald Trump den russischen Präsidenten gegen dessen angebliche Cyberattacken verteidigt und damit Misstrauen gegen die eigenen Geheimdienste sät. Er solle, so der Kommentator, stattdessen der Öffentlichkeit erklären warum CIA & Co. ihre „Beweise" (der Autor setzt das Wort in Anführungszeichen!) nicht publik machen könnten. Mit seinem Verhalten unterminiere

Trump die Arbeit der nationalen Sicherheitsbe-
hörden.

Was die sogenannten „Beweise" US-
amerikanischer Geheimdienste wert sind, wissen
wir seit den beiden Irak-Kriegen. Sie waren allesamt manipuliert, respektive erlogen. Mehr als
eine Million Menschen haben dafür mit ihrem Leben bezahlt, Hunderttausende mit ihrer Gesund-
heit. Im Fall der angeblichen Hackerangriffe vor
den Präsidentschaftswahlen wird kein einziger
Beweis vorgelegt, nicht mal ein gefakter. Warum
wohl? Ganz einfach: Es gibt keinen! Was nun soll
Trump der Öffentlichkeit erklären?

Nach den durch Eigenverschulden infolge politischen Versagens verlorenen Wahlen wird nun seitens der Verlierer in übelster Weise gegen den
Wahlgewinner nachgetreten und gegen dessen
angeblichen Helfer Wladimir Putin agitiert. Wie
jener es angestellt haben soll, die amerikanischen
Wähler in der Wahlkabine zum Votum für Trump
zu bewegen, bleibt indes unbeantwortet.

Und schon hat man die in diesem Jahr anstehenden Wahlen in mehreren europäischen Staaten ins
Visier genommen und bereits jetzt, präventiv, den
Schuldigen für die sich abzeichnenden Niederlagen der zur Wahl stehenden Regierungen ausge-
macht. Da eigenes Versagen selbstverständlich
ausscheidet, ist es wiederum Putin, der den Wäh-
lerinnen und Wählern in Deutschland, Frankreich,
Österreich und den Niederlanden zur Destabilisie-

rung ihrer Länder die Hand bei der Stimmabgabe führt.

Auch und gerade mit Blick auf das martialische Auftreten und „Kriegsgeheul" (Walter Steinmeier) von Nato und USA im Osten unseres Kontinents sollten unsere Politiker zur Besinnung kommen, bevor es zu spät ist. Den hoffungsvollen Anfang dazu macht kein anderer, als der vielgescholtene zukünftige Präsident der USA, Donald Trump, der mit den Worten zitiert wird: „Ein gutes Verhältnis mit Russland zu haben, ist eine gute Sache. Nur törichte Leute oder Dummköpfe würden denken, dass es schlecht ist". Dem ist nichts hinzuzufügen, Mister Trump.

Stark gekürzt veröffentlicht.

Leserbrief vom 11.03.2017 an die RZ

Erneut unternimmt der Autor in dem Artikel „AfD-Direktkandidatin..." den Versuch, der AfD undemokratische Machenschaften anzudichten. Wie anders ist es zu werten, wenn sein Bericht mit den Worten Ulbrichts schließt, Zitat: „Wir haben alles im Griff, nur demokratisch muss es aussehen..." und damit eine Brücke von der menschen- und demokratieverachtenden SED zur rechtsstaatlichen AfD schlägt. Als (fragwürdiger) Beweis wird die Aussage eines obskuren „AfD-Mitglied(s)" angeführt, das, sich feige in Anonymität versteckend, von angeblich in Bussen herbeigeschafften und mit Essensgutscheinen versorgten (Parteitags) „Stimmvieh"! zur Mehrheitsbeschaffung bestimmter Kandidaten äußerte. Als an beiden Tagen des LPT anwesendes Parteimitglied kann ich derartiges nicht bestätigen, wenngleich absolut kein undemokratisches Verhalten daraus abzuleiten ist, gemeinsam mit einem Bus anzureisen und sich mit Essensgutscheinen versorgt zu haben, respektive versorgt worden zu sein.

Die Teilnahme an Parteitagen der AfD ist für jedes ihrer Mitglieder absolut freiwillig und keiner der Parteitagsgänger unterliegt irgendwelchen Weisungen hinsichtlich seines Abstimmungsverhaltens. Auch ist der unterschwellig implizierte Vorwurf absurd, AfD-Mitglieder wären mit Essensbons zur Abgabe eines bestimmten Votums zu bestechen. Darüber hinaus der AfD scheindemokratische Verhaltensweisen oder, wie im Bericht vom 8.2., die gezielte Missachtung demokratischer Spielregeln zu unterstellen, ist das Gegenteil von fairer Berichterstattung.

Und nicht nur das, sie ist gefährlich. Sie ermutigt, wie fast täglich zu sehen ist, in erschreckender Weise Linksextremisten (und das sind mitnichten „verwirrte Einzeltäter!") zu gezielten und zunehmend brutalen Straftaten gegen Repräsentanten und Mitgliedern dieser Partei. Vorsitzender Uwe Junge weiß ein Lied davon zu singen.

Nicht veröffentlicht.

Leserbrief vom 15.03.2917 an die RZ

Zum Artikel auf der Titelseite Ihrer Ausgabe vom 15.03. „Firmen dürfen Kopftuch verbieten"

Die Reaktionen auf das Grundsatzurteil des EuGH, wonach Firmen unter bestimmten Umständen das Tragen von Kopftüchern am Arbeitsplatz verbieten dürfen, haben erwartungsgemäß nicht lange auf sich warten lassen. Danach sieht der Zentralrat der Muslime in dem Urteil eine „Abkehr von verbriefen Freiheitsrechten", der Grüne Volker Beck erkennt darin „kein gutes Signal für Freiheit und Pluralismus" und die Antidiskriminierungsbeauftragte des Bundes warnt gar die Arbeitgeber mit den Worten „Die Arbeitgeber sollten sich in Zukunft gut überlegen, ob sie sich durch Kopftuchverbote in ihrer Personalauswahl einschränken wollen".

Es sind nicht nur muslimische Kopftuchträgerinnen, denen „verbriefte Freiheitsrechte" in unserem Land zustehen. Nein, auch derjenige, also der Arbeitgeber, der diesen Frauen Beschäftigung, Arbeit und Brot bietet, hat Rechtsansprüche. Er entscheidet darüber, wen er in seinem Betrieb einstellt und er hat das unbestreitbare Recht dazu. Denn allein er ist es, der das unternehmerische Risiko für seine (Personal) Entscheidungen trägt. Der muslimische Zentralrat ist dabei nicht im Obligo. Dessen Stellungnahme zum Urteil ist deplaziert, ja absurd.

Was die von Beck beschworene „Pluralität" in unserem mittlerweile kunterbunten Lande zeitigt, ist tagtäglich in der Zeitung zu lesen, sofern überhaupt darüber geschrieben wird. Jeder mag sich da sein eigenes Bild machen.

Der „Rat" der mit (nicht unerheblichen) Mitteln der Steuerzahler sorg- und risikolos lebenden Antidiskriminierungsbeauftragen an sich hartem wirtschaftlichen Wettbewerb unterworfene, nicht selten um die eigene Existenz ringende Arbeitgeber, wonach diese sich nicht in ihrer „Personalwahl einschränken" sollten, ist infantil und entlarvt die Realitätsferne und Weltfremdheit von Frau Lüders.

Nicht veröffentlicht.

Leserbrief vom 17.03.2017 an die RZ

Zum Leitartikel in Ihrer heutigen Ausgabe „Schallende Ohrfeige für Europas Rechtspopulisten"

Seit es die sogenannten „Rechtspopulisten" in Europa gibt erleben wir das Phänomen, dass deren Siege in Niederlagen umgedeutet und die Niederlagen der „Etablierten" als Siege gefeiert werden. Bereits bei den Landtagswahlen in unserer Republik vor einem Jahr war zu vermerken, dass das Altparteienkartell erheblich Federn lassen musste, die AfD aber überall auf Anhieb zweistellige Ergebnisse aus dem Nichts heraus gewann. Umso erstaunlicher fielen die Reaktionen der Wahlverlierer und der ihnen geneigten Presseorgane zu: Sie alle hatten hinzugewonnen, die AfD „hinzuverloren" (M. Klonovsky).

Nichts anderes erleben wir nach der Wahl in den Niederlanden. Eine „Schallende Ohrfeige für Europas Rechtspopulisten" hat da die Leitartiklerin wahrgenommen, völlig unbeeindruckt vom Votum der Wähler, der ja gerade nicht den „Rechtspopulisten", sondern, im Gegenteil, seiner, der holländischen Regierungskoalition, eine krachende „Watschn" verabreicht hat. Zu den Fakten. Die amtierende Regierung Rutte aus Rechtsliberalen und Sozialdemokraten hat von ihren bisher 71 Sitzen 37 verloren, demnach mehr als die Hälfte ihrer Mandate und ist somit vom Wähler für ihre verfehlte Politik massiv abgestraft worden. Ein Debakel, angesichts des Ausmaßes der Niederlage.

Premier Mark Rutte verlor 5,2 %, die Sozialdemokraten 19,1 %. Diese haben sich mit dem Verlust von mehr als drei Viertel! ihrer bisherigen Wählerschaft geradezu pulverisiert (ein Signal für die Bundestagswahl?). Schlimmer gehts kaum. Der „Rechtspopulist" Geert Wilders mit seiner VVD hat sein Ergebnis zur letzten Wahl diesmal um 3 % verbessert, 5 zusätzliche Parlamentsmandate erstritten und ist zur zweitstärksten Partei aufgestiegen. Und was lesen wir: Siehe oben! Absurder geht´s nicht mehr.

Leserbrief vom 02.04.2017 an die RZ

Die Maut-Lüge

„Mit mir wird es keine Pkw-Maut geben" versprach Kanzlerin Merkel am 01.09.2013 vor einem Millionenpublikum im Deutschen Fernsehen. Nun machen wir erneut die leidvolle Erfahrung, dass die Versprechungen von Frau Merkel keinen Pfifferling wert sind. Die Maut kommt. Das Gesetz wurde vom Bundesrat abgesegnet. „Allein aus politischen und wahltaktischen Gründen hat die Union also dieses Versprechen abgegeben..." heißt es im Leitartikel der RZ vom 01.4., im Klartext, der (Wahl)Bürger wurde mal wieder zum Erhalt von Frau Merkels Macht belogen und betrogen. Auch die dem Autofahrer ursprünglich zugesicherte Ausgabenneutralität durch die Verrechnung der Mautgebühr mit der Kfz-Steuer hat man kurzerhand kassiert.

Warum nun „...deutsche Autofahrer nicht ebenso für die externen Kosten aufkommen (sollen) wie Ausländer?", wie im vorgenannten Artikel vorgeschlagen, ist eine absurde Forderung, da sie die legitime Rechts- und Interessenwahrung des eigenen Volkes hinter diejenige durchreisender Ausländer stellt. Die Autofahrer zahlen einen Steueranteil von rund 87 Cent (Stand 15.03.) oder 64% auf jeden Liter Benzin, den sie an deutschen Zapfsäulen tanken.

Doch nicht genug damit. Jahr für Jahr berappen sie zusätzliche Milliardenbeträge an Kfz-Steuern an den Finanzminister , 8,8 Milliarden Euro in 2015. Sie sind es, mit deren Steuergeldern die Straßen gebaut und in Stand gehalten werden. Gänzlich von Steuern verschont bleiben hingegen unsere Straßen nutzenden und sie strapazierenden ausländischen Transitverkehrsteilnehmer, die meist noch ohne in Deutschland zu tanken, über deutsche Autobahnen brettern und in Urlaubszeiten mit ihren PKW- und Caravangespannen kilometerlange Verkehrsstaus verursachen.

Mit den üppigen Mitteln aus Mineralöl- und Kfz-Steuer wären alle mit dem Bau, dem Betrieb und der Instandhaltung unseres Autobahnnetzes verbundenen Kosten mehr als abgedeckt. Wären! Doch mit den Einnahmen werden Löcher im Bundeshaushalt gestopft. Währenddessen steigt der Unterhaltungs- und Sanierungsstau unseres Verkehrswegenetzes, wie es sich in Teilsperrungen von schlaglochübersäten Landesstraßen und maroden Brücken zeigt.

Indes sollten wir uns keinen Illusionen hingeben: auch die Einnahmen aus der nun beschlossen Maut werden keine Verbesserungen der Straßen bringen. Diese, die Maut, ist nur ein weiteres Mittel zum hemmungslosen und dreisten Abkassieren der deutschen Autofahrer und Steuerbürger.

Nicht veröffentlicht.

Leserbrief vom 03.06.2017

an die RZ über den Ausstieg der USA aus dem Pariser Klimaabkommen

Er hat es getan! Die Empörung darüber in Politik und Medien ist gigantisch! Es herrscht Hysterie! Da hat es doch tatsächlich ein Politiker gewagt, sein Wahlkampfversprechen, wofür er (auch) gewählt wurde, einzuhalten. Unglaublich! Derartiges geht gar nicht! „Unfair", vom Wähler(!), nannte es seinerzeit Franz Müntefering (SPD), wenn dieser (der Wähler) die Umsetzung der ihm vor Wahlen abgegebenen Versprechungen hernach von den Politikern einfordere. Der neue Politik-Dämon mit Namen Donald Trump hat offensichtlich eine völlig andere Sicht eines Vor-/Nachwahlverhaltens.

Er und die Mehrzahl der Bürger seines Landes sind es leid, sich weiterhin dem Diktat der Klimaapokalyptiker, für deren These über den „menschgemachten Klimawandel" bis zum heutigen Tage nicht ein einziger wissenschaftlicher Beweis vorgelegt werden konnte, zu beugen und haben, folgerichtig, das Einzige getan, was man in einem solchen Fall tun kann - sie haben den Knebel- und Bürgerenteignungsvertrag gekündigt, sie haben sich aus den Ketten einer profitgierigen „Klima-Finanz-Mafia" gelöst und damit dem größten Umverteilungsprogramm (es geht hierbei einzig ums Geld, die "Klimagefahr" ist nur vorgeschoben) in der Menschheitsgeschichte die verdiente Abfuhr erteilt.

Nun befürchtet man Nachahmer. Zu Recht, wie sich bald zeigen wird. Die besagte skrupellose Klima-Finanz-Mafia sieht ihre bereits sicher geglaubten Pfründe, die Milliarden aus diesem Massenbetrug, in akuter Gefahr. Die USA sind nicht Liechtenstein und in ihrem Sog werden sich weitere Staaten vom Joch der „Nettoprofiteure" aus dem zutiefst unredlichen Geschäft befreien. Die Zeichen dafür stehen gut. Der von oben verordnete Klimalüge, einzig zur Bürger-Abzocke ins Leben gerufen, steht vor dem Aus.

Leserbrief vom 08.07.2017 an die RZ

„Muss Terrorangst für Absagen herhalten?" Mit diesen Worten titelt ein Artikel Ihrer Redakteurin Melanie Schröder in der heutigen Ausgabe der RZ. Wegen Terrorängsten, den daraus resultierenden Stimmungswechsel im Ausgehverhalten potenzieller Gäste und, aus Sicht des Veranstalters, hoher Sicherheitsauflagen mit nicht vertretbaren Kosten hat der Veranstalter zwei Großveranstaltungen am Deutschen Eck abgesagt, so der Inhalt der Meldung.

Aus „Terrorangst" habe der Veranstalter die Termine abgesagt, heißt es im Text und weiter: „eindeutige Hinweise auf eine gestiegene Bedrohungs-

oder gar Gefährdungslage sind (dafür) ..."aber nicht ausschlaggebend gewesen...".

Na, was denn nun? Wurde nun aus „Terrorangst" abgesagt oder nicht? Die Autorin lässt ihre Leserschaft darüber im unklaren, um zu konstatieren: „...schürt die Meldung doch Ängste, die jeglicher Grundlage entbehren, weil sie den Eindruck erweckt, dass ohne ein Großaufgebot an Sicherheitspersonal (...) eine Freiluftveranstaltung nicht mehr durchzuführen sei" und weiter „...gibt es also keinen Grund zur Absage der Veranstaltung und auch nicht zu Beunruhigung". Eine unglaubliche Aussage im Hinblick auf die Situation im Land.

Auch der Intendant des Koblenzer Theaters und der Inhaber einer Kleinkunstbühne sehen nicht, „dass Ticketeinbußen (...) auf Terrorangst zurückzuführen sind".

In einem Leserbrief schrieb dieser Tage eine sich um die Lage in unserem Land sorgende Leserin: „...ich will so nicht leben, dass ich davon ausgehen muss, dass andere mir etwas tun". Damit hat sie ausgesprochen, was derzeit viele Menschen hierzulande zumindest als diffuse Angst empfinden und infolge dessen ihr Verhalten ändern: keine Freiluftveranstaltungen mehr besuchen, Menschansammlungen meiden, statt mit öffentlichen Verkehrsmitteln lieber mit dem eigenen Auto unterwegs sind, auf nächtliche Spaziergänge und viele andere liebgewonnene Gewohnheiten verzichten.

Einerseits beschwichtigt, verharmlost und verschweigt die Politik, was sich tagtäglich an Verbrechen in unserem Lande abspielt, seit Kanzlerin Merkel verfassungswidrig die Grenzen geöffnet hat und unser Land ungefragt mit hunderttausenden von Menschen geflutet hat, (der illegale Zustrom hält weiter an!) darunter eine Vielzahl krimineller Elemente, wie aus dem neuesten Verfassungsschutzbericht zu entnehmen ist. Andererseits belegt die aktuelle Kriminalitätsstatistik die exorbitante Gewaltbereitschaft dieser sog. „Schutzsuchenden" und der Innenminister wird nicht müde zu erklären, dass die Terrorgefahr in Deutschland noch nie so hoch war, wie das derzeit der Fall ist. Auch das Ausland warnt bereits seine Bürger vor Besuchen und Reisen in unser Land.

Die Widersprüchlichkeiten in den Aussagen der uns Regierenden hingegen könnten größer nicht sein.

Auch heißt es nach jedem neuerlichen Anschlag, wir würden uns unsere Art zu leben nicht durch den Terror bestimmen lassen. Angesichts abgesagter Veranstaltungen, wie im vorliegenden und vielen weiteren Fällen, und den Großaufgeboten von Polizei- und Sicherheitskräften beim Karneval, bei Fußballspielen, Weihnachtsmärkten, Silvesterpartys und z. B. dem Münchener Oktoberfest, in Verbindung mit unabdingbaren Sicherheitsmaßnahmen in Form von Straßenblockaden, Sicherheitszonen, Videoüberwachung und Besucherkontrollen, mutet diese Aussage an wie das Pfeifen eines Ängstlichen im Wald oder, schlimmer noch, ist es eine dreiste Lüge, eine nicht hinzunehmende Verdrehung von unleugbaren Tatsachen. In beiden Fällen ist es jedoch der Beweis von Unfähigkeit einer mit der untragbaren Situation in unserem Land völlig überforderten Regierung.

Wir, die schon länger hier leben, haben unsere Gewohnheiten schon längst geändert und wir finden uns wieder in einem Land, das nicht mehr das unsrige ist. Die Verantwortung dafür trägt eine gegen Recht und Gesetz verstoßende Regierungschefin mitsamt der devot ihr folgenden Regierungsmannschaft, sowie ein Parlament mit entmachteten Volksvertretern, nicht willens und/oder in der Lage, die Interessen des durch sie vertretenen Volkes zu schützen um dem Diktat einer wie es scheint übermächtigen Kanzlerin wirkungsvoll entgegenzutreten.

Nicht veröffentlicht.

Leserbrief vom 08.07.2017 an die RZ

Es ist Zynismus, wenn Thomas Spang in seinem heutigen Kommentar die Frage stellt „Ist Putin jetzt Trumps bester Freund?" Nicht nur in diesem Artikel lässt der Autor seiner Abneigung gegen die beiden mächtigsten Politiker auf der Welt freien Lauf. Das sei ihm unbenommen. Es trübt jedoch erkennbar sein Urteilsvermögen. So mutmaßt er über den „Beginn eines unheiligen Pakts...oder das Ende eines kurzzeitigen Flirts, der mit der Einmischung Russlands zugunsten Trumps begann..."

Weiter schreibt er von der mit „hoher Gewissheit (...) festgestellten Einmischung Moskaus in die Präsidentschaftswahlen und den Ermittlungen wegen möglicher Verschwörung (Trumps) mit den Russen..." Nach der Vorgabe Obamas, demütigt der Kommentator Russland als „Regionalmacht" und bezichtigt Trump, „Moskaus Geschäft" der europäischen Spaltung sowie die Schwächung der Nato zu betreiben. Zum Schluss seiner Ausführungen befürchtet! er, „dass Trump einen neuen besten Freund (Putin) gefunden hat". Welch ein Desaster!

In dem Kommentar ist die Rede von „hoher Gewissheit" der Einmischung Moskaus in die Präsidentschaftswahlen und "möglicher Verschwörung" (Trumps) mit den Russen, mit anderen Worten, es liegen nicht mal die dürftigsten Beweise für derartig unhaltbare Beschuldigungen vor, was den Autor jedoch nicht daran hindert, aus Unbewiesenem „...das Schlimmste zu befürchten." Eine beschämend armselige Argumentation für einen investigativen Journalisten. Was denn nun „das Schlimmste" sein soll, verrät er uns ebenso wenig.

Was, so muss Herr Spang sich fragen lassen, hat er gegen eine Freundschaft zwischen den Repräsentanten zweier gigantischer, sich derzeit feindlich gegenüberstehenden Mächten, deren gegenseitige Sympathien die Hoffnung auf Entspannung und friedliche Koexistenz der Völker den Menschen weltweit neuen Mut machen? Kennt er darüber hinaus nicht die strategische Lage unseres Landes und ist ihm nicht bewusst, wessen Territorium im Falle einer militärischen Eskalation eine Vernichtung apokalyptischen Ausmaßes zur Folge hätte?

Herrn Spang ist dringlichst zu raten, die eigene Position zu überdenken, statt in propagandistischer Weise gegen jene zu hetzen, die erkennbar um friedliche Lösungen ringen.

Nicht veröffentlicht.

Leserbrief vom 22.07.2017 an die RZ

„Neue Milliarden für Griechenland", so lautet die Überschrift eines Artikel in Ihrer heutigen Ausgabe. Dazu ein Bild mit einem strahlenden Finanzminister Schäuble, (der sich) „...über Milliarden aus Zinsgewinnen mit Krediten für Griechenland freuen kann...," so der Begleittext zum Foto.

Der Staat Griechenland ist pleite. Die künstliche Beatmung, drastischer ausgedrückt, die Konkursverschleppung seitens der Gläubiger, EZB/Euro-Länder und zu einem Anteil von nahezu 30% unseres Landes hat den Gang zum Konkursrichter bisher verhindert bzw. hat auf Betreiben von Frau Merkel („...scheitert der Euro, dann scheitert Europa!") und ihrem Finanzminister (noch) nicht stattgefunden.

Ein Straftatbestand in unserem Land, begangen von einer Regierung, die sich in zunehmender Weise leichtfertig über Recht und Gesetz hinwegsetzt und Entscheidungen nach der eigenen, fragwürdigen Moral herbeiführt. Beispiele dafür gibt es zuhauf. Angefangen vom Bruch der Maastricht-Verträge, der Außerkraftsetzung der No-Bail-Out Klausel, der sog. „Energiewende" mit der gesetzwidrigen Abschaltung genehmigter Kernkraftwerke, der grundgesetzwidrigen Öffnung unserer Grenzen mit all den fatalen Folgen, die wir Tag für Tag neu erleben müssen, sowie der Hals- über Kopfentscheidung der Regierung zur Bespitzelung von 82 Millionen Bundesbürgern verbunden mit der Zensur der sozialen Netzwerke.

Nun ein Lichtblick (so im Bericht): Der Finanzminister freut sich über Zinsmilliarden. Zinsmilliarden eines Pleitestaates. Bislang sollen es 1,3 Milliarden Euro gewesen sein. Weitere Milliarden sollen folgen. Derweil, so heißt es im Text, werde Griechenland bald wieder „frisches Geld" (das sind Kredite) am Kapitalmarkt aufnehmen. Damit werden selbstverständlich fällige Kredite verlängert (von einer Tilgung kann hier nicht die Rede sein) und die Zinsen hierfür an die Gläubiger ausgezahlt. Einer davon ist unser Land. Weitere Rettungsmilliarden in Höhe von 7,7 Milliarden Euro sind bereits durch den ESM bewilligt, der Haftungsanteil unseres Landes hierfür: 30%, damit rd. 2,3 Milliarden Euro. Damit stehen diesen 2,3 Milliarden Euro uneinbringlicher Forderungen 1,3 Milliarden an Zinsgewinnen gegenüber. Welch ein „Geschäft"!

Zusätzlich werden seitens des IWF weitere Schuldenerleichterungen gefordert. Von Tilgungsstreckungen bis 2070 ist die Rede, was im Hinblick auf die lange Distanz in Verbindung mit der Inflationsrate einem Totalverzicht der Gläubiger, andersrum, einem Schuldenerlass des Schuldners gleichkommt. Dazu soll auf Zinszahlungen verzichtet werden. Somit werden auch diese „Einnahmen", die nichts anderes als ein Taschenspielertrick (linke Tasche, rechte Tasche) sind, zukünftig entfallen.

Die bisherigen „Zinszahlungen" durch Griechenland sind kreditfinanziert, d. h. wir gewähren Kredite, mit welchen die Griechen ihre Zinsen an uns zahlen. Diese verbuchen wir dann als Einnahmen, wohl wissend, dass dieser Pleitestaat nicht im Entferntesten daran denkt, uns auch nur einen einzigen Cent unserer Forderungen zurückzuzahlen. Er ist weder Willens noch in Lage dazu. Ein Totalverlust also. 50 bis 80 Milliarden stehen für uns im Feuer, genaue Zahlen sucht man vergeblich. Sie werden geschickt verschleiert.

Hieraus ein Geschäft, also lukrative Zinseinnahmen, zu konstruieren und dann noch, wie die Partei „Die Grünen" es fordert, diese als ein „Zeichen der Solidarität" an Griechenland zurück zu überweisen kann nur als eine pathologische Wahrnehmungsstörung im Endstadium diagnostiziert werden.

Das alles weiß auch unser Finanzminister. Die Freude hierüber wird sich bei ihm, anders als im Bericht dargestellt, in sehr engen Grenzen halten.

Nicht veröffentlicht.

Leserbrief vom 25.07.2017 an die RZ

Zur Äußerung Frau Klöckners über die Verfügung zum Aufenthaltsverbot auf mehreren öffentlichen Plätzen in Bad Kreuznach, erschienen in Ihrer heutigen Ausgabe.

Einsperren statt aussperren

Das Aufenthaltsverbot auf öffentlichen Plätzen in Bad Kreuznach bezeichnet, laut Ihrem Bericht, Frau Klöckner als „eine Akutmaßnahme" und als

„...nur der erste Schritt." In diese, die falsche, Richtung nicht, Frau Klöckner! Sollen etwa die „schon länger in Bad Kreuznach lebenden Bürgern" aus ihren eigenen Anlagen ausgesperrt bleiben? Soll der nun manifestierte Ausnahmezustand bei andauernder Bedrohungslage durch die „noch nicht so lange hier Lebenden" ausgeweitet und letztendlich in einer nächtlichen Ausgangssperre enden? Oder wie stellen Sie sich, nachdem auch der Letzte im Land inzwischen begriffen hat, dass Integrationsunwillige nicht zu integrieren sind, das zukünftige öffentliche Leben in Bad Kreuznach vor? Sollte man mit Blick darauf nicht besser diejenigen einsperren, die friedfertige Menschen terrorisieren, statt brave Bürger aus Teilen ihrer Stadt auszusperren?

Sollen nach Ihrem Verständnis die schikanierten, drangsalierten und bedrohten Bürger durch die von Ihrer Parteichefin ins Land geholten kriminellen Elemente für deren Straftaten büßen, währenddessen dieselben weiterhin ihr Unwesen treiben und selbst dabei meist ungeschoren davon kommen? Nein, Frau Klöckner, wer sich derart aufführt, wer, statt seinen Wohltätern Dankbarkeit entgegenzubringen für Unterkunft, Nahrung, Kleidung, medizinische Versorgung u.v.m., das Gastrecht derart mit Füßen tritt, hat in unserem Land nichts verloren. Es wird indes schwer, vermutlich unmöglich sein, den durch Frau Merkel angerichteten Schaden für unser Land einzugrenzen. Zu beheben ist er hingegen nicht mehr. Und auch Sie, Frau Klöckner, haben Ihren Anteil an dieser verhängnisvollen Entwicklung. Unser einst schönes Land haben auch Sie verändert. Nicht zum Guten.

Leserbrief vom 22.08.2017 an die RZ

Zu dem Bericht in Ihrer heutigen Ausgabe „Wagen raste in Haltestellen..."

Und wieder mal war es die „Attacke eines wohl Kranken in Marseille...", heißt es in dem Artikel. Praktischerweise hatte der Tatverdächtige gleich das Schreiben einer psychiatrischen Klinik bei sich. „Bislang...kein Hinweis auf Terrorakt..." Somit Entwarnung! Es war ein „geistig gestörter Einzeltäter". In diesen Zeiten hat die Psychiatrie offensichtlich ihre Pforten geöffnet.

Nicht veröffentlicht.

Leserbrief vom 23.08.2017 an die RZ

Unter der Überschrift „Grundrecht" ist in Ihrer heutigen Ausgabe ein Leserbrief veröffentlicht, in welchem der Autor behauptet: „Ausgerechnet ein Mann wie Alexander Gauland (...) will das Grundrecht auf Asyl letztlich mit Waffengewalt zertrümmern."

Das ist schlichtweg die Unwahrheit. Im Interview mit der RZ vom 22.8. wird Herr Gauland mit den Worten wiedergegeben, Zitat: „Deshalb gilt: Wer wirklich politisch verfolgt wird, der hat bei uns ein Asylrecht". Anderslautendes hat Herr Gauland nie geäußert. Stattdessen hat er sich stets für die Beibehaltung unseres Asylrechts ausgesprochen.

In derselben Ausgabe schreibt heute Ihr Leseranwalt (im Fall Yücel), Herr Kampmann, Zitat: „Das gilt auch bei Leserbriefen. Unwahre Behauptungen zu veröffentlichen ist unsere Sache nicht". Wie, so fragt man sich, konnte dann die o. a. „unwahre Behauptung" in die Öffentlichkeit gelangen? Misst die RZ bei Herrn Gauland und der AfD mit anderem Maßstab?

Nicht veröffentlicht.

Leserbrief vom 11.9.2017 an die RZ

Wahlkampf schärft die Sinne. Besonders die Sinne derjenigen, die gewählt werden wollen. Im Bericht über die SPD-Mitgliederversammlung in Ihrer heutigen Ausgabe zitieren Sie einen namentlich nicht genannten Genossen mit den Worten „Das geht in einem so reichen Land wie Deutschland gar nicht. Da müssen wir ran". Dieser hatte dem Inhalt des Artikels zufolge gesehen..."wie ältere Menschen Müllcontainer nach verwertbaren Gegenständen durchsuchten"!

Chapeau, möchte man diesem famosen Beobachter zurufen, welch eine neue, welch eine bahnbrechende Erkenntnis aus den Reihen einer Partei, die sich einstmals als Partei der kleinen Leute verstanden hat. Diese Zeiten sind allerdings lange vorbei und die Sorgen und Nöte der Ärmsten in unserem Land nimmt man offensichtlich nur in Wahlkampfzeiten wahr und gelobt sich ihrer anzunehmen. Man will ja wieder gewählt werden. Danach geht´s dann weiter wie zuvor. Wie schon Franz Müntefering, SPD, (sinngemäß) sagte: „Es ist unfair von den Wählern, die Wahlkampfversprechen der Parteien nach den Wahlen einzufordern".

Seit nunmehr acht Jahren regiert die SPD zusammen mit der CDU in der sog. GroKo, um erst kurz vor dem Wahltag mitzukriegen, dass es vielen Alten in unserer Gesellschaft schlecht geht, dass sie Hunger leiden, dass sie „containern", wie es neudeutsch heißt. Diese unwürdigen Zustände zu beseitigen, hätte die SPD in all den Jahren Zeit gehabt. Sie hat es nicht getan für all diese Menschen, die mit ihrer Arbeitskraft den Grundstein für unseren heutigen Wohlstand gelegt haben (es waren nicht die Gastarbeiter, wie man uns heute weismachen will) und die jetzt unserer Hilfe bedürfen.

Stattdessen hat sie in der Regierungskoalition den Treiber, nicht den Bremser, gegeben für eine unkontrollierte, ungezügelte und weiter andauernde Masseneinwanderung kulturfremder Menschen, die in ihrer überwiegenden Mehrheit nach Geist und Buchstaben unseres Grundgesetzes erst gar kein Aufenthaltsrecht in unserem Land genießen dürften, die, um es drastisch zu formulieren, hier nichts zu suchen haben.

Dafür werden unsere Sozialsysteme geplündert, zweistellige Milliardenbeträge eingesetzt, von denen keiner weiß, woher sie so plötzlich kommen, um sie auf der anderen Seite den bedürftigen, „schon länger hier lebenden Menschen" vorzuenthalten. All dies hat die SPD nicht nur zugelassen, sie hat es mit Vehemenz befördert. Nun fällt es ihr wie Schuppen von den Augen, „Da müssen wir ran", heißt es. Wer wird das noch glauben?

Stark verkürzt veröffentlicht.

Leserbrief vom 28.09.2017 an die RZ

Im Kommentar „Bessere Antworten statt nur Abscheu" beschuldigt der Autor „Irgendjemand(en) von der AfD, der einen nationalistisch - rassistischen Spruch loslässt". Wer ist der ominöse „Irgendjemand" und wie lautet der „nationalistisch-rassistische Spruch"? Die Antwort bleibt er schuldig. Weiter schreibt er von „totaler Abscheu vor diesen Politikern" (gibt es eine schlimmere Verunglimpfung des politischen Gegners?) und von Teilen, „..(die) längst die Grenze zum rechtsextremen Gedankengut überschritten haben".

Womit und wer sind diese Teile? Auch das bleibt im Ungewissen.

Selbst den Vergleich den Vergleich der AfD mit den Republikanern scheut er nicht und bezichtigt sie, von diesen gelernt zu haben, indem sie „...vermeintliche! Wahrheiten aussprechen..." und „hemmungslos" über „Kriminalitätsraten bei Flüchtlingen, sexuelle Belästigung, Angst vor Islamisierung, Indoktrinierung der Muslime in Ditib-Moscheen, Bürgerverärgerung wegen der Sperrung öffentlicher Schwimmbäder für muslimisches Frauenschwimmen" redeten.

In der Tat scheuen sich die Repräsentanten der AfD nicht, das Kind beim Namen zu nennen und unleugbare Tatsachen ins Licht der Öffentlichkeit zu rücken, wenn seitens offizieller Stellen immer wieder versucht wird, all diese gravierenden Missstände vor den Augen der Bürger unseres Land zu verbergen. Hemmungslos ist das mitnichten, im Gegenteil, es ist vonnöten. Der Bürger hat ein Recht darauf zu erfahren, was in seinem Land vorgeht.

Weiter ist im Kommentar die Rede von „Lösungsvorschlägen der AfD ...in einer schlechten Tradition" und „von einfachen Rezepten...zumeist geprägt von einem zutiefst ausländerfeindlichen Geist". Die Lösungsvorschläge der AfD, kein Grenzübertritt ohne gültige Papiere, Einhaltung des Dublin-Abkommens, Abschiebung krimineller Elemente, Rückführung von Flüchtlingen nach

Beendigung des Fluchtgrundes u. v. m., übrigens in allen Staaten der Welt unumstritten, stehen demnach in „einer schlechten Tradition" und sind nach Auffassung des Autors „zutiefst ausländerfeindlich".

Sind sie das wirklich? Die Antwort darauf vermag sich jeder noch klar denkende Bürger in unserem Land selbst zu beantworten. Der Autor hingegen bleibt eine Erklärung schuldig. Stattdessen schreibt er von „Dinge(n) (die) einfach zu komplex (sind)". Solche Töne hören wir stets dann, wenn dem mündigen Bürger oberlehrerhaft erklärt wird, dass er selbst nicht in der Lage ist, Zusammenhänge selbst herzustellen und dass man ihm, Politikersprech, das alles „besser erklären" und ihn „mitnehmen" müsse.

Es ist ihm indes zuzustimmen, wenn er am Schluss seiner Ausführungen zu dem Ergebnis kommt, dass „ein paar glasklare Entscheidungen für die Bundesbürger sichtbar sein (müssen)".

Die „besseren Antworten" zur Bewältigung der Probleme hierzulande, wie im Kommentar gefordert, gibt die AfD. Die politisch Verantwortlich hingegen weigern sich, diese anzuerkennen und setzen stattdessen ihre fatale Strategie der Ausgrenzung und Verteufelung einer demokratisch legitimierten Partei in unverminderter Weise fort, statt ihrem Auftrag, den Schutz ihrer Bürger zu gewährleisten, wahrzunehmen und der weiteren

Spaltung unserer Gesellschaft nach Kräften entgegen zu wirken.

Nicht veröffentlicht.

Leserbrief vom 14.10.2017 an die RZ

„Deutsche vermögend wie nie", so der Titel eines Beitrages in Ihrer heutigen Ausgabe. „Deutschland ist trotz mickriger Sparzinsen in der Summe so vermögend wie nie zuvor" heißt es weiter unter Bezugnahme auf neueste Statistiken der Deutschen Bundesbank.

Während die Überschrift ein (Schein)Faktum benennt, „Deutsche vermögend wie nie", wird dieses bereits im ersten Satz des Berichtes relativiert mit dem Einschub: „in der Summe". Ein eindrucksvoller Beleg dafür, wie Statistiken die Realitäten verzerren. Während sich in unserem Land die Schere zwischen arm und reich in einer Weise öffnet (Arme werden ärmer, Reiche reicher), wie das in Tempo und Dramatik in keinem anderen Land innerhalb des Euroraumes geschieht, rangieren wir Deutsche nach Erhebungen der Europäischen Zentralbank EZB mit unserem Pro-Kopf-Vermögen an letzter Stelle der Staaten im Euro-Verbund.

Angeführt wird diese Liste von Luxemburg mit 398.000 Euro pro Bürger, gefolgt vom angeblich armen Zypern mit 267.000 Euro, Spanien mit

183.000 Euro auf dem 5. Platz. Zweitletzter ist Griechenland mit 102.000 Euro und, aufgemerkt, unser Land, Zahlmeister der EU und von interessierten Kreisen als reichstes Land Europas gekürt, als ärmstes auf dem letzten Platz mit 51.000 Euro und damit der Hälfte des mit deutschen Steuergeldern Dauer-zu-rettenden Pleitestaates Griechenland! Gerade hierbei wird deutlich, wie sich die Eurozone zu einer Transferunion in Richtung mediterraner Schuldenstaaten zu Lasten der deutschen Steuerzahler und Sparer, einhergehend mit ihrer fortdauernden Enteignung durch die anhaltende Null-Zins-Politik der EZB entwickelt (hat).

Die künstlich niedrig gehaltenen Zinsen sind nichts anderes als ein Raub am Sparer, der sich letztlich manifestiert in einer Stagnation bei der Vermögensbildung in unserem Land, eindeutig belegt durch die EZB-Zahlen.

Und, als wäre das alles noch nicht genug, wird nun seitens der EU mit Nach- und unter Zeitdruck eine europäische Bankenunion ins Leben befördert mit dem Ziel, die in Jahrzehnten aufgebauten Sicherheitsrücklagen deutscher Banken in Milliardenhöhe zu vergemeinschaften, um letztlich damit Pleitebanken in Italien und Spanien vor drohenden Insolvenzen zu retten

Nicht veröffentlicht.

Leserbrief vom 24.11.2017 an die RZ

Mit Hilfe einer 20-seitigen Broschüre der Stiftung Umwelt und Natur, „ein ausgezeichnetes Entdeckerheft", wie Sie schreiben, soll nun den Menschen hierzulande der Wiedereinzug des Wolfes, 150 Jahre nach seiner Ausrottung, der Weg bereitet werden. Laut Ihrem Artikel vom 30.10. rufen die Vereinten Nationen die Weltöffentlichkeit auf, sich für die biologische Vielfalt, den Erhalt der „Biodiversität", einzusetzen und zu begeistern. So weit, so gut. Oder etwa doch nicht ganz so gut? Welche Gründe waren es, die unsere Vorfahren nach Jahrhunderte langem Zusammenleben mit den Wölfen dazu veranlaßt haben, sie aus unsern Gefilden zu vertreiben? Waren es reine Unkenntnis, diffuser Aberglaube, pure Mordlust, gar blanker Hass gegenüber diesen Tieren oder waren sie einfach unaufgeklärt, dumm, unzivilisiert und verroht? Oder war es vielleicht nicht so, dass diese Menschen, zumeist Bauern, in der damaligen Zeit Angst um sich, ihre Angehörigen und ihre Tiere hatten und ihre Existenzgrundlage vom Wolf als bedroht ansahen?

Wir sollten heute nicht den Fehler begehen und Jahrhunderte altes, aus Erfahrungen hervorgegangenes Handeln unserer Vorfahren gering zu schätzen, gar zu verurteilen und uns in überheblicher Weise für klüger, aufgeklärter und besser als sie zu halten. Der Wolf wurde aus unseren Breiten zurückgedrängt und dafür gab es gute Gründe. Und diese guten Gründe sind heute aktueller denn je. So wenig, wie ein Eisbär am Äquator zu überleben vermag, ist das einem Wolf in einem der dicht besiedelsten Länder der Erde mit einem der weltweit engmaschigsten Verkehrsnetze dauerhaft möglich, einem Wolf, der Raum, Jagdreviere und Beute braucht, wie ihn beispielsweise die unberührten Wälder und weiträumigen Tundren Nordamerikas und Nord- bzw. Osteuropas auch heute noch bieten. Dort ist er zuhause, dort fühlt er sich wohl und dort sollte er auch bleiben.

Des Wolfes erneute, erzwungene Ansiedlung in unserem überbevölkerten, hoch industrialisierten und verkehrsmäßig überlasteten Land wird in kurzer Zeit zu schwersten Problemen und Konfrontationen zwischen Mensch und Tier führen. Verlieren wird diesen Kampf absehbar das bedauerns- und schützenswerte, das unterlegene Tier. Statt die Realitäten im Industriestandort Deutschland und unserer mobilen Gesellschaft zu erkennen und so hinzunehmen wie sie nun mal sind, versteigen sich die Ansiedlungsbefürworter des Wolfes in eine romantisch verklärte, unsinnige Ideologie, die auf Biegen und Brechen gegen jegliche Vernunft und Einsicht durchgesetzt werden soll.

Nicht veröffentlicht.

Leserbrief vom 29.11.2017 an die RZ

Zu Ihrer Berichterstattung über die Zustimmung des Landwirtschaftsministers zur weiteren Anwendung von Glyphosat.

Ungeachtet der Sinnhaftigkeit der Entscheidung der EU-Kommission über eine weitere Verlängerung des Einsatzes des Unkrautvernichters Glyphosat, befremdet das Abstimmungsverhalten unseres Landwirtschaftsministers, sowie die Reaktion der Kanzlerin nach Kenntnisnahme dieser Entscheidung.

Die GroKo hatte sich in einem Koalitionsbeschluss auf Stimmenthaltung bei der anstehenden Abstimmung geeinigt. An diese Vereinbarung hat sich der CSU-Politiker Schmidt nicht gehalten und eigenmächtig der Zulassungsverlängerung von Glyphosat zugestimmt. Den Medienberichten zufolge hat er sich für sein Handeln eine Rüge der Kanzlerin eingefangen, die für ihn persönlich aber keine politischen Folgen hat, wie ausdrücklich betont wird. So was dürfe nicht noch mal vorkommen, heißt es.

Dem Vernehmen nach befürwortet auch Frau Merkel die weitere Anwendung von Glyphosat, steht aber andererseits einer Regierungskoalition vor, die sich dagegen entschieden hat. Somit war die „Rüge" unabänderlich, aber eben nichts weiter als eine Inszenierung fürs geblendete Publikum. Wer an die Ernsthaftigkeit dieser „Rüge" glaubt, gehört der Fraktion derer an, die unsere Erde noch immer für eine Scheibe halten.

Hätte sich Schmidt entsprechend der Koalitionsvereinbarung der Stimme enthalten, wäre das Ergebnis, die Verlängerung der Anwendungsgenehmigung, ebenso beschlossen worden und hätte nicht zum berechtigten Aufschrei einer sich betrogen fühlenden Öffentlichkeit und zur Provokation der so düpierten SPD geführt, einer SPD, die man seitens der CDU/CSU und der Kanzlerin mit allerlei Versprechen und Zugeständnissen umschmeichelt, um sie als erneute Partnerin für eine GroKo zu gewinnen. Angesichts dieses unwürdigen und undurchsichtigen Spiels drängt sich die Frage auf, welche Absicht der CDU/CSU-Fraktion hinter dem wohl klammheimlich genauso abgesprochenen Abstimmungsverhalten des Landwirtschaftsministers steckt.

Nicht veröffentlicht.

Leserbrief vom 04.12.2017 an die RZ

Zum Kommentar in Ihrer heutigen Ausgabe „Die Gewalt darf nicht weiter eskalieren."

Nein, die Gewalt darf nicht nur „...nicht weiter eskalieren", wie es in der Überschrift zum Kommentar zu lesen ist, sie muss gänzlich unterbunden werden. Und das ist Aufgabe des Staates. Als Delegierter und Teilnehmer bisheriger Bundesparteitage der AfD kann ich aus meinen Erfahrungen ein Bild über das Verhalten eines Großteils sogenannter „Demonstranten" vermitteln, über ihre Gewaltaffinität bis hin zum offen und unverhohlen zur Schau gestellten abgrundtiefen Hass gegenüber politisch andersdenkenden Menschen im Land, besonders jedoch gegenüber AfD-Mitgliedern. Das Bild ist erschreckend.

Als Konferenzteilnehmer sieht man sich auf dem (Fuß)Weg zum Veranstaltungsort (die Taxen fahren zu ihrer eigenen Sicherheit nicht direkt bis vor die Pforten der Konferenzgebäude) unvermittelt einer Schar schwarzgekleideter, in Teilen vermummter, hasserfüllter und gewaltbereiter Menschen gegenüber, währenddessen Gruppen gut ausgerüsteter Polizisten in sicherer Entfernung beobachten, wie sich die vorhersehbare Konfrontation mit friedlichen, zum übergroßen Teil wehrloser Parteitagsteilnehmer entwickelt.

Brutale Rempler, Tritte, Schläge, Beschädigungen und Zerstörungen mitgeführter Gegenstände, begleitet von teils wüsten Beschimpfungen werden von den Sicherheitskräften zugelassen (ebenso die gesetzeswidrige Vermummung), bevor sie sich endlich zum lange fälligen Eingreifen entschließen. Zu diesem Zeitpunkt haben aber die Parteitagsgänger bereits Schäden erlitten, was offensichtlich im Rahmen einer beschönigend so genannten „Deeskalierungsstrategie" billigend in Kauf genommen wird.

Eine Zunahme derart sich häufender Vorfälle ist seit den Bundesparteitagen in Stuttgart, danach in Köln und nun in Hannover zu konstatieren. Ich selbst war in Köln Opfer tätlicher Angriffe. Und Kay Gottschalk, einer der vielen „attackierten" (Ralf Stegner SPD:"... man muß das Personal der AfD attackieren"!) und zu Schaden gekommenen AfD-Mitglieder, fordert völlig zu Recht, einen Untersuchungsausschuss und eine Erklärung des zuständigen Innenministers über Zustände im Land, die ein beschämendes Bild über die Verfasstheit unserer Demokratie abgeben, das so gar nicht zur Realität und zu den Sonntagsreden regierungsamtlicher Sprecher passen will.

Ins Mikrofon „(ge)brüllt", wie es im Bericht heißt, hat weder der verprügelte Bundestagsabgeordnete Gottschalk, übrigens ein (fast) allen Parteimitgliedern bekannter Sitzungspräsident, noch haben die AFDler „(ge)jubelt". Sie hatten auch keinen Grund dazu. Und Gottschalks Beschreibung des Gesichtsausdruckes mancher dieser Schläger dürfte deckungsgleich sein mit den Beobachtungen anderer mit diesen Menschen Konfrontierter.

Unter den Eindrücken eigens erlittener körperlicher Verletzungen, einer in Teilen untätigen Polizei und eines außer Rand und Band geratenen Mobs, ist die vom Autor als „Wutrede" gebrandmarkte Rede Gottschalks als solche verständlich. Vom Missbrauch seiner Armschlinge zu politischen Zwecken zu schreiben, ist Zynismus. Dem

Fazit hingegen ist zuzustimmen. Der Staat muss für die Sicherheit Aller sorgen. Das hat auch für die AfD zu gelten.

Leserbrief vom 15.12.2017 an die RZ

„EU verlängert Sanktionen gegen Russland" und „Russlandsanktionen treffen Deutschland hart", so die Überschriften zu Randartikeln in Ihren Ausgaben vom 14. und 15. Dezember. Kanzlerin Merkel und die polnische Regierung hatten sich 2014 an die Spitze der europäischen Sanktionsbefürworter gesetzt, um damit eine Änderung des Verhaltens Russlands im Ukrainekonflikt zu erzwingen, so die Begründung für diesen sich nun in aller Deutlichkeit zeigenden fatalen Schritt.

Bereits bei der Beschlussfassung über zu verhängende Sanktionen warnten besonnene Politiker vor deren Unwirksamkeit und den zu erwartenden negativen politischen Folgen im Verhältnis zu Russland. Vertreter der Wirtschaft prognostizierten den Wegfall von Absatzmärkten und damit einhergehenden Gewinneinbußen sowie Arbeitsplatzverlusten.

Nun werden die Sanktionen um weitere sechs Monate verlängert und zwingende Fragen nach ihrer Wirksamkeit und ihrem Nutzen sind unausweichlich. Politisch betrachtet sind sie ein Minusgeschäft - die Haltung Moskaus im Ukrainekonflikt hat sich nicht verändert, dort herrscht weiterhin der Status quo. Die Krim ist und bleibt russisches Staatsgebiet, der Ton zwischen dem Westen und Russland hat sich verschärft, es herrscht wieder kalter Krieg. An den europäischen Ostgrenzen wird massiv Militär aufgefahren. Dort stehen schwerbewaffnete Natotruppen russischen Kampfverbänden gegenüber. Ein Funke bereits kann einen alles vernichtenden Weltbrand entfachen.

Aus wirtschaftlicher Sicht ist der gegen Russland erklärte Wirtschaftskrieg ein Fiasko, besonders für unser Land, wie dieser Tage bisher in den Mainstreammedien nicht veröffentlichte Zahlen belegen. Während England, Frankreich und die USA nur marginalen Handel mit Russland betreiben, verzeichnet unser Land monatliche Exportverluste von 730 Millionen Euro und trägt mit einem Anteil von 40% die Hauptlast beim verlorenen Handel der westlichen Industrienationen. Was absichtsvoll verschwiegen wird: Polen, einer der schärfsten Sanktionsbefürworter, lässt sich seine Exportverluste im Russlandgeschäft im jährlich hohen dreistelligen Millionenbereich durch die EU erstatten. Deutschland als größter EU-Nettozahler trägt damit zu den eigenen Ausfällen auch noch den Löwenanteil polnischer Exporteinbußen.

Presseberichten zufolge belaufen sich die Sanktionsschäden schon jetzt für beide Seiten auf dreistellige Milliardenbeträge. Und dieser Wahnsinn, man kann es nicht anders nennen, wird weiter manifestiert. Russland indes hat sich mittlerweile auf seine eigenen Kräfte besonnen. Seine Exportgüter wie Gas, Öl und sonstigen Rohstoffe finden rasenden Absatz im boomenden China und anderen asiatischen Staaten. Das Land ist nur gering verschuldet, die Landwirtschaft expandiert, der Bankensektor hat sich erholt, ebenso seine Wirtschaft und seine Währung, der Rubel.

Uns hingegen ist ein zuverlässiger und treuer Kunde, möglicherweise für immer, verlorengegangen. Für eine exportabhängige Nation ein Desaster. Über Jahrzehnte politisch mühsam erarbeitetes Vertrauen wurde/wird mutwillig zerstört und die uns Deutschen, trotz unserer Kriegsverbrechen, entgegengebrachte Sympathie des russischen Volkes ist verspielt. Wie in Umfragen deutlich wird, sehen große Teile der russischen Gesellschaft in uns wieder eine Gefahr für ihr Land.

Unbeeindruckt von Fakten und gefangen in politischer Halsstarrigkeit verfolgen Kanzlerin Merkel und ihre europäischen Verbündeten ihre folgenschwere Konfrontationspolitik gegenüber Russland - zum Schaden Deutschlands. Frau Merkel, Sie brechen Ihren Amtseid. Treten Sie zurück!

Nicht veröffentlicht.

Leserbrief vom 19.12.2017 an die RZ

„Warum Juden wieder Angst haben"

Beim zunehmend an Brisanz gewinnenden Thema des Antisemitismus in unserem Land steckt die Bundesregierung mit Kanzlerin Merkel inzwischen bis über beide Ohren in einem Dilemma. Die gesetzwidrige, unkontrollierte und weiter andauernde Grenzöffnung, mit dem Import islamistischen Terrors, hat all das ermöglicht, was wir derzeit in unserem Land in schmerzhafter Weise erleben müssen.

Da aber nicht sein kann, was nicht sein darf und diejenigen, die Recht haben, keinesfalls Recht bekommen dürfen und Frau Merkel nach eigenem Bekunden „...nicht wüsste, was (sie) ich falsch gemacht haben sollte...", sucht und findet man die Schuldigen für die nicht mehr zu verbergende Antisemitismus-Welle "noch nicht so lange hier Lebender" statt in diesen, in Benjamin Netanjahu, Donald Trump und in den, für alles und jedes im Land Schreckliche verantwortlichen „Rechtspopulisten" der AfD. Ein für jedermann erkennbar erbärmlicher Versuch, eigenes Versagen anderen in die Schuhe zu schieben. Die Unglaubwürdigkeit dieses Unterfangens ist auch gleichzeitig die eine Seite des Dilemmas, in der sich unsere Regierung befindet.

Die andere Seite ist unsere besondere Verantwortung allem Jüdischen gegenüber. So sieht sich denn Bundespräsident Steinmeier gedrängt, angesichts hasserfüllter antiisraelischer Proteste („ich hasse Juden" und „Tod Israel", sowie dem Verbrennen israelischer Fahnen) durch Merkels „Gäste", an die Verantwortung derer Israel gegenüber zu appellieren, „...die später hinzugekommen sind". Diese hingegen scheren sich nicht im Geringsten um Steinmeiers hilf- und wirkungslose Appelle. Warum sollten sie auch? Sie haben nichts zu befürchten.

Während jeder „schon länger hier Lebende" die ganze Härte unseres Rechts zu spüren bekäme, sollte er sich derart aufführen, und sich unversehens wegen antiisraelischer Stimmungsmache und Volksverhetzung vor Gericht zu verantworten hätte, lässt die Staatsmacht jene gewähren und ungeschoren davonkommen, die nichts anderes als die totale Vernichtung des Staates Israel im Schilde führen. Würde hingegen der Staat hier einschreiten und derartige Widerwärtigkeiten unterbinden, wäre das nichts anderes als das Eingeständnis eigenen Versagens und eigener Fehleinschätzungen.

Darüber hinaus müsste man Farbe bekennen und sich für eine Seite positionieren, im Zweifelsfall für die israelische. Nicht auszudenken die Folgen angesichts einer nicht mehr überschaubaren Anzahl islamistischer Gewalttäter in unserem Land. Und damit wird deutlich, in welche Zwickmühle, in welch aussichtslose Situation, sich Frau

Merkel (und uns, ihr Volk) mit ihrer fatalen Entscheidung im Sept. 2015 manövriert hat.

Um es in aller Deutlichkeit auszusprechen: der auf unseren Straßen sich derzeit auslebende Judenhass ist importierter Judenhass. Und hierauf muss die Regierung dringend eine Antwort finden, indem sie den Grundsatz der Gleichheit vor Recht und Gesetz in unserem Land wieder für alle anwendet. Und das in aller Konsequenz. Sollte sie dazu nicht die Kraft aufbringen, und vieles deutet darauf hin, werden wir Zustände in unserem Land erleben, die sich niemand wünschen kann.

Leserbrief vom 06.01.2018 an die RZ

„Justiz in hohem Maß gefordert", so die Überschrift einer Leserzuschrift in Ihrer Ausgabe vom 6.1.. Die vom Autor zitierte Studie zur Flüchtlingskriminalität von Christian Pfeiffer legt offen, dass es seit dem Beginn der Flüchtlingskrise eine Zunahme von 10,4% bei den Gewaltdelikten gibt und dass dieser Anstieg zu 92,1% „Flüchtlingen" zuzurechnen ist. „Mehr Menschen, mehr Kriminalität", so simpel ist die Lebenswirklichkeit nicht. Die einfache (und grundfalsche) Formel insinuiert einen proportional gleich hohen Kriminalitätsanteil von „Flüchtlingen" im Vergleich zur autochthonen Bevölkerung. Dem ist mitnichten so, wie die o. a. Zahlen der Pfeiffer-Studie eindeutig belegen. Völlig bedeutungslos hingegen ist, gegen wen sich Gewalt richtet. Opfer zweiter Klasse darf es in unserem Land nicht geben.

Angesichts inzwischen sich hierzulande tagtäglich zutragender Gräueltaten „unaufgeregt" mit dem Thema umzugehen, wie vom Autor präferiert, ist mit Blick auf den Verlust jeglichen Sicherheitsgefühls, gequälter Menschen und dem Leid hinterbliebener Mordopfer nahezu unmöglich. Letztlich bleibt festzuhalten: Wem im Haus Deutschland Schutz, Unterkunft, Nahrung, Kleidung und jegliche Fürsorge unseres Sozialstaates in großzügigster Weise, kostenlos, zuteilt wird, sollte sich dankbar erweisen - und gesetzestreu verhalten. Nicht hinnehmbar ist ein Anstieg der Kriminalität durch Recht und Gesetz missachtende „Flüchtlinge". Mit Füßen ihr Gastrecht tretende „Gäste" müssen zum Schutz der eigenen Bevölkerung unmittelbar und konsequent abgeschoben werden.

Nicht veröffentlicht.

Leserbrief vom 15.01.2018 an die RZ

Auf die Journalistenfrage : „Schließen Sie aus, dass die SPD noch einmal in eine große Koalition geht"? antwortete Martin Schulz mit: „Definitiv ja"! und, „Opposition und Absage an große Koalition, ohne jede Hintertür! Basta! Die Glaubwürdigkeit der SPD steht auf dem Spiel"! Zitat: Ralf Stegner, SPD.

Hatten wir schon einmal, das mit der SPD und ihrer Glaubwürdigkeit. Die Älteren werden sich erinnern. Vor der Wahl 2005: „Mit uns (SPD) wird es keine Mehrwertsteuererhöhung geben". Danach wurde diese Steuer um 3% erhöht. Die „Sondierungen" im Nachgang zur Bundestagswahl haben ungewollt mehr über den Zustand und die Befindlichkeiten insbesondere der Großkoalitionäre zutage gefördert, als diese in ihrem inhaltsleeren Kuschelwahlkampf preisgegeben haben.

Beim Wähler hat das zusätzlichen Erkenntnisgewinn gebracht; er ist klüger geworden und würde heute anders entscheiden. Und das Wählervotum des Souveräns ist es, wovor man sich, zu Recht, fürchtet. Macht- und Mandatsverluste drohen. Es gilt daher Neuwahlen mit allen Mitteln zu verhindern. Und zu ihrer Vermeidung ist Stegner´s postulierte „Glaubwürdigkeit" eher hinderlich.

Sie wird nun als unnötiger Ballast über Bord geworfen. So wird denn auch letztlich eine Mehrheit der 450 Tausend SPD-Mitglieder, das sind weniger als 0,6% unserer Gesamtbevölkerung, für eine Neuauflage der sog. „GroKo" und damit für ein „weiter so" des politischen Stillstandes in unserem Land stimmen. Begründen wird man das mit der Pflicht zur Übernahme „staatspolitischer Verantwortung" als übergeordnetes Ziel. In Wahrheit jedoch (ver)locken Macht, Mandate und Posten. Volkes Interessen haben sich dem gefälligst unterzuordnen. Es wird erst gar nicht gefragt.

Brief an die RZ 19.01.2018

Sehr verehrte Frau Clasmann,
sehr geehrte Mitarbeiter der Redaktion,

mit dem im Betreff genannten Artikel kredenzen Sie Ihren Lesern eine wahrhaft journalistische Meisterleistung. Sie übertrifft wahrlich all das um Längen, was in der bisherigen Berichterstattung über die AfD in der RZ publiziert wurde. Ironie aus.

Nach diesem „Meisterwerk" müssen Sie sich fragen lassen, ob Sie Ihre Abonnenten (ich gehöre auch dazu) und Leser überhaupt noch ernst nehmen. Offensichtlich ist das nicht der Fall. Bereits die Überschrift lässt die Stoßrichtung des tendenziösen Artikels erkennen. Nicht die demokratisch gewählte AfD ist es die „die große Bühne" wittert, nein, das wäre zu harmlos, es sind die bösen „Rechtspopulisten", die die „Bühne wittern" und die Sie sich schon zu Beginn mit einem beleidigenden Postulat zu diskreditieren sich bemühen.

Der Leser des Artikels reibt sich verwundert die Augen, etwa wenn er liest, dass Zwischenrufe und „starke Beifallsstürme" für die „eigenen Redner" anderen Fraktion „auf den Nerv (gehen)"! Fühlen die sich etwa im Schlaf gestört? Was erlauben AfD? Beifallsstürme und Zwischenrufe hat die AfD gefälligst (demütig) zu unterlassen - das ist ein Privileg unserer Systemparteien. BASTA.

Oder, „dass die AfD ständig mit allen 92 Abgeordneten im Plenarsaal vertreten ist, erzeugt zudem einen gewissen Druck". Genau das, sehr verehrte Frau Clasmann, ist auch die Absicht, die die AfD verfolgt, nämlich Druck auszuüben auf ein sediertes Alibi- und Scheinparlament, das eine gewisse Frau Merkel schon längst in einer derart subtilen Weise eingeschläfert und entmachtet hat, dass es diesem die ganze Zeit über nicht mal aufgefallen ist. Dazu bedurfte es des Einzugs der AfD in den Bundestag. Und dazu war dieser auch dringend nötig.

„Merkwürdig" belieben Sie es zu benennen, wenn die AfD-Abgeordneten das tun, was ihre originäre Aufgabe ist, wofür sie als Volksvertreter gewählt wurden und wofür sie von eben diesem, dem Volk bezahlt werden, nämlich an den Plenarsitzungen teilzunehmen. Analog dazu wäre es nach Ihrem Verständnis wohl auch als „merkwürdig" zu bezeichnen, wenn ein Arbeitnehmer des Morgens zum Dienst erscheint und dann auch noch den ganzen Tag über arbeitet. Paradoxer geht es nicht.

Der gesamte Artikel ist eine einzige Beleidigung der Intelligenz Ihres sich für dumm verkauft vorkommenden Lesers, nichts weniger als eine Zumutung. Bitte kommen Sie Ihrem journalistischen Auftrag nach und kehren Sie wieder zu sachlicher und seriöser Berichterstattung zurück.

Mit freundlichen Grüßen

Karl-Eugen Kaiser

Leserbrief vom 01.03.2018 an die RZ

Die Verlautbarungsinhalte führender Regierungs-
mitglieder mit Kanzlerin Merkel an der Spitze,
erinnern mich an das Grimm-Märchen „Schneeweißchen und Rosenrot", das ich als Kind nicht
satt wurde zu hören. Besonders die Älteren unter
uns werden sich an die Handlung erinnern. In dem
Märchen hatten die beiden Mädchen einem undankbaren Zwerg mehrmals aus misslichen Situa-
tionen geholfen um danach von ihm Undank und
Beschimpfungen statt Lob und Anerkennung für
ihre Hilfe zu ernten.

Etwa so, wie Schneeweißchen und Rosenrot, muss
sich der Leiter der Essener Tafel, Herr Sator, fühlen. Für seinen ehrenamtlichen Einsatz an sieben
Tagen in der Woche für arme und bedürftige Menschen in unserem ach so reichen Land, in dem wir
gut und gerne leben und in welchem es uns noch
nie so gut ging wie heute und in dem trotz millio-
nenfachen Zuzuges von Bedürftigen und weniger
Bedürftigen aus aller Welt, niemandem etwas
weggenommen wird, für dieses uneigennützige
Engagement muss sich dieser wahrhaft barmher-
zige Samariter kritisieren, beschimpfen und von
höchster Stelle im wahrsten Wortsinne abkanzeln
lassen.

Dabei mildert er mit seinem Engagement die Folgen eines anhaltenden Politikversagens, von
der insbesondere die Schwächsten in unserer Ge-

sellschaft betroffen sind. Mit den begrenzten Mitteln, die diesem ehrenwerten Mann zur Verfügung stehen, sieht er seine Aufgabe darin, die Bedürftigsten zu unterstützen. Und das sind nun mal nicht von unseren Steuergeldern rundum versorgte sog. „Flüchtlinge", sondern in Armut lebende, Plastikflaschen sammelnde, überwiegend alte „Biodeutsche", um die sich die Politik nicht schert, wo sie geflissentlich wegsieht und deren Versorgung sie mitleidigen Menschen im Land überlässt.

Dafür wird dann dieser brave Mann mit untauglichen Belehrungen und Besserwissereien des „undankbaren Zwergs", der Bundeskanzlerin, überzogen, einer Regierungschefin, die mit ihrer verfehlten Sozialpolitik und gesetzeswidrigen Grenzöffnung all die Kalamitäten herbeigeführt hat, die wir in zunehmendem Maße tagtäglich in unserem Land erleben und ertragen müssen. Im Volksmund heißt es: Undank ist der Welten Lohn. Frau Merkel, Ihr Verhalten ist skandalös! Treten Sie zurück!

Leserbrief 20.03.2018 an die RZ

Mutmaßlich

Vor wenigen Tagen schrieb Ihr Leseranwalt, Herr Kampmann, die RZ sehe sich aufgrund einer Vielzahl von Leserzuschriften zum Mordfall Mia veranlasst, die Bedeutung der in ihren Zeitungsberichten häufig verwendeten Redewendung des

„mutmaßlichen Täters" aus rechtlicher Sicht zu erklären.

Offenbar störten sich die Leser an diesem Wort. Als einfacher, zudem juristisch ungebildeter Mensch kann man nicht verstehen, dass in einem solchen und ähnlichen Fällen nicht vom "Täter" gesprochen wird, wo doch Augenzeugen aus unmittelbarer Nähe den Tathergang verfolgt und vor den Ermittlungsbehörden zu Protokoll gegeben haben. Erst der Richterspruch, so wissen wir jetzt, macht aus dem "mutmaßlichen" den wahren Täter. So muss es sein, so verlangt es unsere Rechtsordnung und so ist es politisch korrekt.

Um wie viel mehr noch müsste dieser Grundsatz im aktuellen Fall des Anschlages auf den russischen Doppelagenten Grundlage politischer Entscheidungen und Verlautbarungen sein, handelt es sich dabei, nicht wie etwa im Kandeler Mordfall, um einen Kriminalfall mit dem Potenzial zur Auslösung einer Krise mit weltweit unabsehbaren Folgen. Auf geradezu unverantwortliche Weise, ohne auch nur den Hauch eines gerichtsfesten Beweises in Händen zu halten, wird hier seitens der britischen Regierung unter dem Beifall auch unserer Regierungsvertreter Russland als bereits überführter Täter an den Pranger gestellt. Es werden handfeste diplomatische Konsequenzen gezogen, weitere Sanktionen angedroht und ein offener Konfrontationskurs zu Moskau eingeschlagen. "Mutmaßlich" hat da weder Platz noch Raum, auch nicht in der medialen Berichterstattung.

Kein Wort darüber, dass es ganz anders sein könnte. Die Giftgasfabrik, in der dieses Nervengift hergestellt wurde, befand sich in Usbekistan und wurde nach der Unabhängigkeit des Staates im Jahre 1990 unter Mitwirkung US-amerikanischer Chemiker abgebaut. Die "Rezeptur" des Giftes war also auch den zuständigen amerikanischen Behörden bekannt.

Im englischen Salisbury, dem Ort des Anschlages, befindet sich die britische Chemie- und Biowaffenforschungsanlage Porton Down. Unvorstellbar, dass man dort nicht in der Lage ist, besagtes Nervengift herzustellen. Und - welches Interesse sollte Moskau an der Beseitigung eines unbedeutenden Agenten haben, der dort zu vierzehn Jahren Haft verurteilt, bereits nach vier Jahren entlassen und unversehrt und unbehelligt ausreisen durfte? Hätte man ihm nach dem Leben getrachtet, so wäre es ein Leichtes gewesen, ihn von der Öffentlichkeit unbemerkt in den Weiten Sibiriens verschwinden zu lassen.

Wie berichtet, wurden erst gestern die Ermittlungen zu dem Nervengasanschlag von der Chemiewaffenkontrollkommission aufgenommen. Mit ersten Ergebnissen sei frühestens in zwei Wochen zu rechnen, hieß es. Matthias Platzeck, SPD, im Morgenmagazin: „Wir haben den Verdächtigen erschossen und gucken jetzt mal genau, ob er auch schuldig war"!

Das sagt im Grunde alles. Diejenigen, die sich ansonsten nicht genug darüber empören können, wenn sogenannte Vorverurteilungen ausgesprochen werden oder das Adjektiv „mutmaßlich" bei offensichtlich Kriminellen fehlt, sind es nun, die ihre eigenen Prinzipien geradezu ad absurdum führen.

Geschichtlich und politisch Interessierte wissen, welche verheerende Folgen Unbewiesenes und politische Propaganda zeitigen können. Erinnert sei an den Tonking-Zwischenfall, der den Beginn des verheerenden Vietnam Krieges einläutete, die Brutkasteninszenierung in Kuwait, Auslöser des ersten Golfkrieges, Saddam Husseins Massenvernichtungswaffen, die es nicht gab, wie man hinterher kleinlaut zugeben musste, deren angebliche Existenz aber den Anlass zum zweiten Golfkrieg lieferte mit der Folge hundertausender von Toten.

Und es ist ja so: Russland könnte tatsächlich hinter dem Anschlag stehen. Doch solange dieser Beweis nicht erbracht ist, hat es als unschuldig, zumindest aber „mutmaßlich" zu gelten.

Leserbrief vom 20.04.2018 an die RZ

10.000 on topp!

Unbeeindruckt von eskalierender schwerer Gewaltkriminalität, vornehmlich begangen von wahlweise als Migranten, Flüchtlingen oder Schutzsuchenden bezeichneten Neubürgern in unserem Land, verpflichtet sich unsere Bundesregierung zur weiteren Aufnahme von 10.000 dieser Menschen, wie Sie in Ihrer heutigen Ausgabe berichten. Innenminister Seehofer zeigt sich „zufrieden", es „schreckt ihn nicht" und er hält das für „absolut verantwortbar". Dafür ist ihm das Lob des EU-Flüchtlingskommissars sicher, der Deutschlands Flüchtlings-Engagement als „maßstabgebend" bezeichnet.

Zu den bereits festgeschriebenen 200.000 „Flüchtlingen", zuzüglich (unbezifferbarem) Familiennachzug, und möglicherweise weiteren 50.000, die die SPD mit dem je nach Sichtweise auslegbaren Koalitionsvertrag für vereinbar hält, werden wir dann noch weitere 10.000 on topp zu verkraften haben. Und - wer wird die weiteren 40.000, die auf Europa verteilt werden sollen, davon abhalten, in das Land überzusiedeln, dass die besten Anreize für Migranten bietet, nämlich unser Land? (Anmerkung: Dieser Tage wurde bekannt, dass von den 700 in Polen eingereisten „Flüchtlingen" ausnahmslos alle nach Deutschland übergesiedelt sind! Warum wohl?) 60% der positiven Asyl-

Entscheidungen in der EU für das Jahr 2017 seien, so „Eurostat", von der Bundesrepublik getroffen worden. Die restlichen 40% verteilen sich auf 27! EU-Staaten. Ein Kommentator stellte dieser Tage die durchaus ernst gemeinte Frage: „Ist Deutschland verrückt geworden"?

Seehofer betonte, so heißt es weiter in Ihrem Artikel, dass es Ziel sei „...Einwanderung in die Sozialsysteme zu vermeiden". Ja, so fragt man sich, wohin wandern diese Menschen denn anders ein, als allesamt und ausnahmslos in unsere bereits jetzt überforderten Sozialsysteme? Einmal ganz abgesehen von einer mittlerweile auf dem Zahnfleisch gehenden Polizei, nach Atemluft ringenden Gerichten, Kindergärten und Schulen, die sich nur noch mit äußersten Anstrengungen über Wasser halten können und auf der anderen Seite Pfandflaschen sammelnde Rentner, zunehmende Kinderarmut, verkommende Infrastruktur, Parallelgesellschaften und No-Go-Areas in den Städten, tägliche Messerattacken mit oft tödlichem Ausgang, Kinder- und Vielehen, Ehrenmorde, Vergewaltigungen und Frauen, die sich des nachts nicht mehr auf unsere Straßen trauen und die in Fußgängerzonen den Blick senken, um nicht von unseren Gästen als provozierend empfunden zu werden, wie mir dieser Tage eine alles andere als "fremdenfeindliche" Dame resignierend und tieftraurig berichtete.

Zudem soll die Bundespolizei auf die Kontrolle von Fluggästen aus Griechenland wieder verzichten, wie Seehofer anordnete, während andere EU-Staaten ebendiese verschärfen, mithin das exakte Gegenteil dessen für notwendig erachten, was unsere Regierung tut.

So lautet denn auch die Frage: „Frau Merkel, Herr Seehofer, was wollen Sie uns, Ihrem Volk, noch alles zumuten, was uns und unseren Kindern noch alles antun? Beenden Sie diese verhängnisvolle Politik und besinnen Sie sich auf Ihren Amtseid, auf Ihren Schwur, Schaden vom deutschen Volk abzuwenden und seinen Nutzen zu mehren. Tun Sie es jetzt - vorausgesetzt Sie wollen es". Hieran indes sind zunehmend Zweifel angebracht.

Nicht veröffentlicht.

Leserbrief 02.05.2018 an die RZ

„Wolf wütet in Schafherde", so die Überschrift zu einem Artikel in Ihrer heutigen Ausgabe. Der Bericht beschäftigt sich mit den Auswirkungen eines Wolfsangriffs auf eine Schafherde, bei der „...mindestens 40 Tiere sterben". Anette Wohlfahrt, Geschäftsführerin des Landesschafzuchtverbandes wird darin zitiert mit den Worten: „Es war ein Bild des Grauens", und: „Weidetierhaltung und Wolf zusammen funktionieren nicht flächendeckend...".

Ich selbst bin auf einem Bauernhof mit vielen Tieren aufgewachsen. Zu diesen liebenswerten und unseres menschlichen Schutzes bedürfenden Wesen fühle ich mich zeitlebens tief verbunden. Bereits als Kind habe ich Tierbabys mit Flaschen großgezogen und schon als 14jähriger leistete ich Geburtshilfe im bäuerlichen Stall, während meine Eltern auf dem Feld waren. Ich kenne die Nöte und Sorgen von Bauern und Tierhaltern, wenn ihre Tiere leiden oder krank sind. Es ist wie das Leiden am eigenen Leib.

Und ich kann den tiefen Schmerz eines Schäfers nachempfinden, wenn er die Bilder der Verheerung einer Wolfsattacke auf seine Herde ertragen muss. Ich halte es für Zynismus und es macht mich wütend, wenn es heißt:"...(kann) der betroffene Schäfer mit einer raschen Entschädigung rechnen." Mit viel Geld, Steuerzahlergeld, (denn damit lässt sich heutzutage ja alles regeln), ist dann der Schaden wieder behoben. Schwamm drüber, es soll sich niemand beschweren, „Einzelfall", wie es im Bericht heißt, das hält uns nicht auf, eine wahnwitzige Ideologie durchzusetzen, koste es was es wolle. Ein der Wirklichkeit entrückter Nabu-Chef will denn auch BW „...schnell auf die Rückkehr der Wölfe vorbereiten". Völlig ausblendend, dass ein wirksamer Schutz von Herdentieren nur mit erheblichem Aufwand herzustellen, bzw. gar nicht möglich ist und damit Schafs- und Damwildbesitzer vor nahezu unlösbare Probleme stellt. Das gilt sowohl in finanzieller wie auch in logistischer Hinsicht.

Bleibt die Frage, wem nützt die Neuansiedlung des Wolfes in unserem industriell geprägten, überbevölkerten Land, mit einem der dichtesten Verkehrswegenetze weltweit? Dem bedauernswerten Wolf jedenfalls nicht! Er trifft hier auf Verhältnisse, die seinen natürlichen Lebensräumen diametral gegenüber stehen. Nie würde er dort auf eine Herde eingepferchter (wie anders soll man Schafe halten?) Tiere treffen, die sich seiner Attacke nicht durch Flucht entziehen könnte. Und er folgt seinem naturgegebenen Instinkt, wenn er diese wehrlosen Tiere in großer Zahl reißt.

Mitnichten ist er ein „Problemwolf", wie es im Bericht heißt, den man nur „entnehmen muss". Die Konflikte sind vorprogrammiert und werden sich bei einer Fortführung dieser verhängnisvollen Wiederansiedlungsstrategie in dramatischer Weise mehren. Und noch mal: Schuld daran ist keineswegs der „Problemwolf", nein, Schuld daran tragen einzig und allein verantwortungslose Ideologen, die den Realitäten in unserem Land völlig entrückt sind.

Leserbrief vom 18.05.2018 an die RZ

Rohleder: Alterstest (junger Migranten) wird nicht die Regel

Im Artikeltext heißt es dazu: „Binz warf der AFD vor, Untersuchungen der Geschlechtsorgane zu fordern" und weiter „...das halte ich für menschenverachtend und erniedrigend."

Dazu eine Anmerkung: Zu der Zeit, als die Wehrpflicht in unserem Lande noch praktiziert wurde, waren solche Untersuchungen Teil der Musterung, der sich jeder Wehrpflichtige zu unterziehen hatte. Im Verweigerungsfall zwangsweise. Menschenverachtend? Erniedrigend? Ach..., ich vergaß, das waren ja (nur) Deutsche.

Nicht veröffentlicht.

Leserbrief vom 06.06.2018 an die RZ

Während die Öffentlichkeit schon mal medial auf die Kürzung von Betriebsrenten eingestimmt wird und SPD-Scholz die Besserstellung der Bezieherinnen von Mütterrenten aus den Töpfen der gesetzlichen Rentenversicherung bezahlen will (nichts gegen die Mütterrente, sie ist jedoch eine gesamtgesellschaftliche Verpflichtung und gehört daher steuerfinanziert), lässt man die deutsche Versicherungswirtschaft von der Leine, um die künftigen Rentner schon mal mental auf ein höheres Renteneintrittsalter vorzubereiten. Flankierend dazu hat die Bundesregierung eine „Rentenkommission" eingesetzt, die heute ihre Arbeit aufnimmt. Das zu erwartende Ergebnis ihrer Beratungen wird wohl die Rente mit 69 sein.

Ein Vergleich mit unseren österreichischen Nachbarn fördert Erstaunliches zutage. Dort geht man mit 55 Jahren! in den Ruhestand und ein Rentner erwirbt bei ähnlicher Lebensleistung nahezu die doppelten Ansprüche wie sein deutscher Zeitgenosse. Wie ist das möglich, fragt man sich? Die Antwort ist einfach: dort weiß man die Leistung der Generation Rentner zu schätzen und stattet sie mit einer angemessenen Rente aus, bzw. billigt ihnen die Früchte ihrer Arbeit zu. Bei uns hingegen scheint das einen nimmersatten Staat in keiner Weise zu interessieren.

In geradezu scham- und skrupelloser Weise bedient er sich an den Altersrücklagen seiner Bürger. 40% versicherungsfremder Leistungen, für die nie Beiträge eingezahlt wurden und für die die Solidargemeinschaft aller Steuerzahler aufkommen müsste, nimmt er auf diese Weise Jahr für Jahr aus dem Rententopf, um sich dann lauthals und wider besseres Wissen über Steuerzuschüsse an die Rentenkasse zu beklagen, die in Wahrheit nur einen Bruchteil dessen betragen, was er sich zuvor herausgenommen hat.

Auf diese Weise ruiniert man normalerweise jedes System und bringt die Betroffen auf die Barrikaden. Nur eben nicht in Deutschland. Hier lässt es sich der Bürger gefallen, dass seine Regierung beständig für eine private zusätzliche Altersvorsorge wirbt, während sie ihm diese durch eine anhaltende Politik des billigen Geldes ganz und gar verunmöglicht, was der Quadratur des Kreises entspricht. Und womit löst man nun das Problem? Ganz einfach: Absenkung des Rentenniveaus, Heraufsetzung des Renteneintrittsalters, Erhöhung der Beiträge (wird kommen). Der Michel schluckt´s.

Die andere Möglichkeit: Auflösung der Rentenkasse. Nachdem man diese im Jahre 1989 geplündert hat, 190 Milliarden DM für die Wiedervereinigung, könnte man nun ihre kümmerlichen Reste in den Bankenrettungsfonds zur Konkursabwendung südländischer Banken überweisen oder Panzer gegen die putin'sche Aggression kaufen, um hier nur zwei Beispiele sinnvoller Mittelverwendung anzuregen.

Die Menschen im Land lässt man arbeiten bis sie das Zeitliche segnen und sollten sie eines Tages, was eher unwahrscheinlich ist, nicht mehr arbeiten können, überlässt man sie ganz einfach ihrem Schicksal. Sie sparen damit Monat für Monat ihre Rentenbeiträge, was als unwiderlegbares Argument seitens der Rentenabschaffer ins Feld geführt werden könnte. Leider hat das Ganze aber doch noch einen Haken: aus welcher Schatulle bedient sich der klamme Staat, wenn mal wieder gähnende Leere in der Kasse herrscht?

Gekürzt veröffentlicht.

Leserbrief vom 13.06.2018 an die RZ

Einzelfälle und Wahrnehmungsstörungen

Soweit haben wir es immerhin schon „geschafft": die „Einzelfälle" sind gar keine Einzelfälle. Welch eine Überraschung, welch eine Erkenntnis! Und die dreist uns Bürgern attestierten Wahrnehmungsstörungen, also das wir kollektiv unzurechnungsfähig sind (da ist dann das Pauschalurteil zulässig), wird man auch noch, wenn auch widerwillig, aber schneller als gedacht, zurücknehmen (müssen).

Die inzwischen für jedermann sicht- und fühlbaren (Fehl)Entwicklungen im Land legen das Politikversagen in seiner ganzen Dimension zu unsrer aller Schaden schonungslos offen. Diejenigen Mahner, die all das haben kommen sehen und eindringlich davor warnten, hat man kurzerhand als Hetzer in die rechte Ecke gestellt und mundtot gemacht. Es durften ja auf gar keinen Fall die recht bekommen, die Recht haben. Unser Land hat sich verändert - und ich freu mich gar nicht…

Leserbrief vom 23-06-2018 an die RZ

Ihrem Artikel vom 22.06. zufolge, wonach „Deutschland (...) einer der größten Profiteure der Milliardenhilfen zur Rettung Griechenlands (ist)", hat unser Land seit dem Jahr 2010 2,9 Milliarden Euro an Zinszahlungen aus Staatskrediten erzielt, die nach Vereinnahmung in unseren Haushalt eingeflossen sind. Das ist erfreulich für den Finanzminister. Zunächst. Es allerdings ist nur die eine Seite der Medaille. Bei Betrachtung der zweiten Seite verliert die gepriesene erste Seite jedoch erheblich an Glanz.

Wie allgemein bekannt, ist Griechenland zahlungsunfähig. Mit einem Schuldenschnitt von 170 Milliarden Euro im Jahre 2012, Kredit-Laufzeitverlängerungen, Zinsabsenkungen und immer neuen Hilfsprogrammen seitens der Euroländer/EZB wird seit Jahren eine in dieser Form und in diesem Umfang noch nie dagewesene Insolvenzverschleppung betrieben. Dieser (Insolvenzverschleppung ist ein Straftatbestand) hat unsere Regierung als Vertreterin des größten Gläubigers, Deutschland, nicht nur zugestimmt, sondern sie maßgeblich unter dem Vorwand der Eurorettung betrieben. (Angela Merkel: „Scheitert der Euro, dann scheitert Europa.")

Kredite werden von Griechenland nicht getilgt, wie allgemein üblich, nein, sie wurden/werden auf Laufzeiten von bis zu fünfzig Jahre verlängert und endfällig gestellt, was de facto einem kompletten Schuldenerlass gleichkommt. Es folgt daraus der Schluss: man hätte diesem Land die Milliarden ebenso unmittelbar zum Geschenk machen können. Der Staat Griechenland mit seiner geringen Wirtschaftskraft wird nie imstande, und auch nicht willens sein, seinem Schuldendienst vereinbarungsgemäß bzw. überhaupt nachzukommen.

Nun komme ich zu den Zinsen, von denen unser Land dem Bericht zufolge so grandios „profitiert". Wie bereits beschrieben, sind die Tilgungsleistungen für Griechenlands Kredite ausgesetzt. Es wird nichts an die Gläubiger zurückgezahlt. Selbst den Preis für die Kredite, das sind die Zinsen, kann (will?) Griechenland aus seinem Haushalt nicht bezahlen. So steht es denn vor unserer Haustür und fordert neue Kredite zur Begleichung unserer Zinsforderungen, die wir ihm, wen wundert´s, nahezu bedingungslos zur Verfügung stellen. Darüber wiederum ist unser Finanzminister hocherfreut, generieren höhere Kreditforderungen doch automatisch auch höhere Zinszahlungen, die dann im Fass ohne Boden, dem Bundeshaushalt, sang- und klanglos verschwinden.

Das sprichwörtliche „dicke Ende", die erwähnte dunkle Seite der Medaille, kommt wie immer zum Schluss. Dem Vernehmen nach belaufen sich unsere Forderungen an Griechenland (ausschließlich weiterer Milliardenbürgschaften) auf inzwischen 80 Milliarden Euro, das sind zum besseren Verständnis der ungeheueren Dimension, achtzigtausend Millionen, die sich durch jeden Kredit zur Bedienung unserer Zinsforderungen noch weiter erhöhen und nach Meinung fast aller Finanzexperten eines Tages als Totalverlust ausgebucht werden müssen. Profitabel? Das genaue Gegenteil ist der Fall! Einziger Trost (Achtung Satire)- das Geld ist nicht weg, es hat jetzt nur ein Anderer. Die Frage, wer ist dieser Andere? Ich werde zum Schluss noch darauf eingehen.

Vor diesem Hintergrund setzt unser Finanzminister Scholz dem beschriebenen Irrsinn nun die Krone auf, indem er die Absicht bekundet, die von uns kreditfinanzierten Zinsen wieder nach Griechenland zurück zu überweisen. Sofern er dieses Vorhaben verwirklicht (wer zweifelt daran?), schiebt er dem dort herrschenden korrupten Politikerkartell 2,9 Milliarden Euro zu, verzichtet auf uns zustehende Zinserträge und erhöht den Abschreibungsbedarf bundesdeutscher Ausleihungen. Denselben schiebt man allerdings in bewährter Weise immer wieder nach hinten, sodass die Verantwortlichen hierüber niemals werden Rechenschaft ablegen müssen.

Wer schützt uns vor solchen „Volksvertretern"?

Leserbrief vom 13.07.2018

Zu Ihrem Artikel „Das Turnier hat Russlands Image verbessert"

Zur Ergänzung Ihres Artikels, Zitat: „Eine stark kritisierte Rentenreform treibt die Menschen auf die Straßen", sei angemerkt, dass die russische Regierung beschlossen hat, innerhalb der nächsten 15 Jahren schrittweise das dortige Renteneintrittsalter für Frauen von derzeit 55 auf 63 Jahre und das der Männer von 60 auf 65 Jahre anzuheben.

Hierzulande arbeitet man daran, den Menschen eine Erhöhung desselben von 67 auf 69 Jahre als unausweichliche Notwendigkeit zu verkaufen.

Nicht veröffentlicht.

Leserbrief vom 20.07.2018 an die RZ

Sehr geehrte Damen und Herren,

in der heutigen Ausgabe der RZ publizieren Sie einen Artikel zum Fall des vergifteten Ex-Spions Skripal unter der Überschrift „Nowitschok-Täter sind offenbar identifiziert".

Ganz anders titelt das aktuelle Handelsblatt zum selben Thema: „Britische Regierung weist angebliche Identifizierung der Nowitschok-Täter zurück". In Ihrem Beitrag benennen Sie eine ominöse Quelle „...aus dem Umfeld der Ermittlungen", die Anschuldigungen erhebt, welche weder von Scotland-Yard noch von der Polizei bestätigt würden. Regierungsseits, so heißt es dann sowohl in Ihrem, als auch im Handelsblatt-Artikel, „...gehöre (der Bericht) in die Akte "schlecht informiert und wild spekuliert". Damit ist alles gesagt. Das Ganze ist eine Zeitungsente, ein Fake, wie es neudeutsch heißt.

Während Sie Ihre Leserschaft mit völlig sich widersprechenden Aussagen in die Irre führen „Täter sind offenbar identifiziert" einerseits, „wilde Spekulationen" andererseits, weist das Handelsblatt seine Leser bereits in der Überschrift auf die Unglaubwürdigkeit der Meldung hin. Das nennt man verantwortungsbewussten Journalismus. Und das erwartet der Leser. Mit Recht.

Als ein langjähriger Leser und Abonnent Ihrer Zeitung appelliere ich dringend an Sie: Finden Sie zu glaubwürdiger und seriöser Berichterstattung zurück, sofern Sie noch ernst genommen werden wollen!

Nicht veröffentlicht.

Leserbrief vom 08.08.2018

Zweierlei EU-Recht?

Geht es nach dem Willen sogenannter „Umweltverbände", so werden unter tätiger Mithilfe von „Grünen", Teilen unserer Regierung und Gerichten, deutsche Dieselbesitzer und Autokonzerne weiterhin mit der Einhaltung unerreichbarer Grenzwerte beim Stickoxid-Ausstoß kujoniert. Es gelte, so heißt es, „(...) europäische Stickstoffoxid-Grenzwert (...) einzuhalten". Im Bericht der RZ „Luftgrenzwert: Amt schlägt Alarm" heißt es im Untertext: „Gebrauchtwagen sind im Ausland gefragt." Weiter: „...die Ausfuhr (sei) im vergangenen Jahr um 20,5% (...) gestiegen".

Und, nun der Knaller: „Die meisten Wagen gingen nach Italien, Österreich und Frankreich." Wie kann das möglich sein? Gelten für diese Staaten etwa nicht „die europäischen Stickoxid-Grenzwerte?" Existiert zweierlei Recht in der Gemeinschaft? Sind die etwa nicht mehr Mitglieder der EU? Oder stören die sich ganz einfach nicht an den aberwitzigen Vorgaben von EU-Bürokraten, die der Wirklichkeit entrückt sind und offensichtlich ihre Aufgabe im Ruinieren einer funktionierenden Autoindustrie und im Traktieren ihrer Untertanen sehen. Dort jedenfalls, in Italien, Österreich und Frankreich, scheint (wieder/noch) die Vernunft zu regieren.

Leserbrief 28.08.2018 an die RZ

Entsetzlich

Mit 25 Messerstichen, in Kopf, Bauch und Rücken, wird ein Deutscher (verheiratet, 1 Kind) ohne erkennbaren Grund von zwei „Schutzsuchenden", einem Iraker und einem Syrer, in Chemnitz bestialisch massakriert. Mit Blick auf die Brutalität des Mordes (man führe sich den Tathergang einmal vor Augen!) verbietet sich jede andere Beschreibung dieses grässlichen Verbrechens. Zwei weitere Deutsche werden ebenfalls schwerst verletzt. Einer von ihnen schwebt in akuter Lebensgefahr.

Innerhalb weniger Tage ist das bereits der dritte Messermord (man kann nur inständig hoffen, dass die beiden Schwerverletzten von Chemnitz überleben), nachdem ein Somalier, ebenfalls wie es heißt grundlos, einen Allgemeinmediziner in Offenburg in dessen Praxis im Beisein seiner zehnjährigen Tochter und einer ebenfalls beim Angriff verletzten Arzthelferin, erstach, sowie der gewaltsame Messertod einer 36jährigen Frau durch einen Iraner in Düsseldorf.

Entsetzen, all überall. Es überschlagen sich die Meldungen. In den Printmedien, in den Öffentlich-Rechtlichen, in den Radiosendern, kurz, überall herrscht helle Empörung, Entsetzen. Auch bei den Regierenden. Über die archaischen Morde!? Mitnichten! Entsetzen hingegen herrscht darüber, dass sich die völlig zu recht aufgebrachten und wütenden Bürger als Leidtragende täglicher brutaler Migrantengewalt in Folge unkontrollierter Masseneinwanderung endlich zur Wehr setzen und ihren friedlichen, wenn auch lautstarken Protest auf die Straße tragen (entgegen anderslautender Meldungen wurde am Sonntag in Chemnitz von den Demonstranten niemandem ein Härchen gekrümmt). In anklagender Weise wird von rechter Gewalt fabuliert. Kaum ein Wort über die Verbrechen als Auslöser der Proteste. Empathie oder gar Anteilnahme gegenüber den Angehörigen der Opfer? Fehlanzeige! Der Berliner Breitscheid-Platz lässt grüßen.

Indes, Gewalt gab es keine. Sie hat nicht stattgefunden. Die Bürger haben ihre berechtigte Empörung auf die Straße getragen, gewaltfrei. Empörung über eine Politik, die ihre originäre Aufgabe, ihr Volk zu schützen, nicht mehr imstande oder willens ist wahrzunehmen. Empörung über einen Staat, der seine Grenzen nicht mehr sichert, der mit Multikulti die Probleme unseres Landes lösen will. Empörung über eine Regierung, die diejenigen, die schon länger hier leben, als Menschen zweiter Klasse behandelt und brandgefährliche Islamisten mit Steuergeldern zum Schaden der Bürger mit deren Steuergeldern wieder ins Land zurückholt, Empörung über eine Rechtsprechung, die sich mit fadenscheinigen Begründungen weigert, erwachsene straffällige Migranten auch nach Erwachsenenstrafrecht zu verurteilen und mit Bewährungsstrafen brandgefährliche Kriminelle und Vergewaltiger als tickende Zeitbomben erneut auf ihre Bürger loslässt.

Empörung auch darüber, dass der Staat seine Pfandflaschen sammelnden Alten im Stich lässt. Jene, die dieses Land aufgebaut haben, jahrzehntelang in unsere Sozialsysteme eingezahlt und mit ihrem Wirken den Grundstein für den Wohlstand unseres Landes gelegt haben. Diese Menschen müssen nun mit ansehen, wie hunderttausende unberechtigt und illegal hier Eingewanderter, zum Teil Kriminelle, leistungslos besser versorgt werden als sie selbst.

Empörung über die Stigmatisierung anders Denkender, die man kurzerhand in die rechte Ecke gestellt, als Nazi diffamiert, mundtot gemacht, ihrer Existenz beraubt, sie gesellschaftlich ausgegrenzt hat, sofern sie nicht im Chor der regierungsamtlichen Hofjubler mitsingen oder mitgesungen haben.

Und nicht zuletzt Empörung über den medialen Komplex, der sich unreflektiert und vorbehaltlos den Regierenden angedient hat, statt seine Aufgabe, die einer kritischen Begleitung der Regierungsarbeit, wahrzunehmen und der mit seinem Verhalten die herrschenden Zustände in unserem Land erst ermöglicht hat.

All das sehen die Menschen im Land. Es war indes vorhersehbar und nur eine Frage der Zeit, dass sie sich all das bisher Beschriebene (und mehr!) nicht dauerhaft würden bieten lassen. Nun ist das „Entsetzen" über ihr Aufbegehren groß. Was erlauben Volk? Es kommt Widerspruch! Gar an der Regierung und der alternativlosen Kanzlerin! Das geht gar nicht, das muss unterbunden werden. Mit allen Mitteln. Alle verfügbaren Sturmgeschütze werden in Stellung gebracht, aus sämtlichen Rohren wird gefeuert, die totale Kontrolle muss wieder her. Die Aufmüpfigen müssen zur Räson gebracht werden, koste es was es wolle.

Doch, wie es sich zunehmend herauskristallisiert, haben unsere Obertanen die Rechnung ohne den Wirt, ihre Untertanen, gemacht. Diese lassen sich all das nicht mehr bieten, was ihnen seit mindestens drei Jahren abverlangt und zugemutet wird. Das Sprichwort sagt:" Der Krug geht solange zum Brunnen, bis er bricht." Im übertragenen Sinne sind wir an diesem Punkt deutscher Geschichte angelangt. Wir sehen spannenden Zeiten entgegen.

Nicht veröffentlicht.

Leserbrief vom 08.09.2018 an den Wochenspiegel

Sehr geehrter Herr Desinger,
„Die Gewalt-Exzesse machen mich fassungslos. Da werden wahllos Ausländer gehetzt, Journalisten bedroht."

Unter dem Aufmacher „Haltung zeigen" publizieren Sie den mit diesen Sätzen beginnenden Beitrag im Wochenspiegel, der in der Tat fassungslos macht. Allerdings anders als im von Ihnen beschriebenen Sinne. Was in der Tat fassungslos macht, ist Ihr gänzliches Verschweigen der die Proteste auslösenden Gewalt-Exzesse, nicht gegen Ausländer oder Journalisten, nein, gegen Ihre, unsere eigenen Landsleute.

Oder würden Sie dann nicht von „Gewalt-Exzessen" schreiben, wenn Sie darüber berichteten, wie ein krimineller Mob bei uns „Schutzsuchender" mit Messern drei unschuldige deutsche Männer unvorstellbar bestialisch massakriert, mit unzähligen Stichen in Bauch, Kopf und Rücken? Ein Wort über die Tat, den Tather-

gang, gar des Bedauerns, des Mitleids oder Ihrer Anteilnahme mit den Angehörigen der Opfer? Nichts! Nada! Fehlanzeige!

Stattdessen:

„Wir sind das Volk", das hatten friedliche Demonstranten vor der Wiedervereinigung skandiert. Heute missbraucht der rechte Mob im Schulterschluss mit sogenannten „besorgten Bürgern" diesen Satz.

und:

„Zu diesem Volk möchte ich nicht gehören".

Wie wir wissen, und das war auch schon vor Wochenfrist all jenen bekannt, die es wissen wollten (Ihnen sollte es bekannt gewesen sein), verliefen die Proteste seitens der Demonstranten friedlich. Nichts anderes war zu hören vom Chefredakteur der „Freien Presse" Chemnitz, Torsten Kleditzsch, einem Kollege von Ihnen, an dem Sie sich ein Beispiel nehmen sollten, dem ermittelnden Generalstaatsanwaltschaft von Chemnitz, dem sächsischen Ministerpräsidenten Kretschmer, Bundesinnenminister Seehofer und, neu, dem obersten Chef des Verfassungsschutzes, Hans-Georg Maaßen. All die Genannten bestätigen übereinstimmend: Es gab keinerlei Hetzjagden gegen Ausländer, schon gar keine, wie Sie es mit markigen Worten beschreiben „Gewalt-Exzesse". Woher Sie diese „Fake News" haben, darüber kein Wort in Ihrem Bericht.

Sollte Ihre Informationsquelle, und ich kann hierüber nur spekulieren, etwa ein im Netz kursierendes 19sekündiges, verwackeltes Handyvideo sein (andere

„Beweise" sind bis zur Stunde keine präsentiert worden), an dem Sie Ihre Vorwürfe festmachen? Über dieses Video ist nichts, aber auch gar nichts Näheres bekannt. Wer ist der Urheber? Wer sind die auf dem Video zu sehenden Personen? Es sind darauf Stimmen zu hören, von wem stammen diese? Eine Person, Mann?, läuft einer anderen Person hinterher. Na, und? Keine Gewalt, schon gar keine Gewalt-Exzesse erkennbar. War das alles? Keinerlei anderen „Beweise" sind bis zur Stunde präsentiert worden.

Stattdessen prügeln Sie in hämischer und überheblicher Weise auf sogenannte „besorgte(n) Bürger" ein und kübeln über diese ihre ehrabschneidenden Unwahrheiten aus, faseln von einem „rechten Mob", der in der Masse der friedlich Demonstrierenden kaum wahrnehmbar war und, der Gipfel, entblöden sich nicht mit ihrer unsäglichen Bemerkung, zu diesem Volk nicht gehören zu wollen.

„Ich möchte in Frieden und Freiheit leben, wie die meisten Menschen."

Das, verehrter Herr, wollen wir alle. Und genau das, in Frieden leben, ist es auch, weswegen die von Ihnen in infamer Weise beleidigten Menschen in Chemnitz zu Tausenden friedlich demonstrieren. In Frieden leben, ohne den inzwischen tagtäglich und in zunehmendem Maße vorkommenden Messermorden, Vergewaltigungen, Raubüberfällen und sonstigen Gewalttaten sogenannter „Schutzsuchender" schutzlos ausgeliefert zu sein. Und nebenbei - es ist auch Ihr persönlicher Frieden, für den diese Menschen auf die Straße gehen. Darüber diskutieren - gerne, auch eine andere Meinung

*haben, wenn es denn zur Lösung der Probleme beiträgt,
die eine verantwortungslos agierende Regierung uns
Bürgern aufgebürdet hat. Wer sollte/wollte sich einer
derartigen Diskussion verweigern?*

„Aber bei Gewalt und Hetze ist Schluss"

*Sehr richtig. Und das zweite gilt in besonderer Weise
auch für Sie. Indes - Sie prügeln den Sack statt des
Esels. Noch einmal die Frage: Wer ist es, der Gewalt
ausübt in diesem Land? Sind es die „friedlichen" Mes-
sermörder oder die „gewaltexzessiven" besorgten Bürger mit ihrem Straßenprotest? Und, wer ist es, der Hetze betreibt? Das, sehr geehrter Herr Desinger sind Sie
und Ihresgleichen. Sie sind es im Schulterschluss mit
um ihr Mandat bangende Politikern, die friedliche Bürger beschimpfen, sie als „Nazis" und „Rechte" stigma-
tisieren, als Ewiggestrige, als Abgehängte bezeichnen,
ihnen Wahrnehmungsstörungen attestieren dort, wo
das Offensichtliche unleugbar und klar auf der Hand
liegt.*

*Und Sie gehören zu den Tatsachenverdrehern! Ihr Arti-
kel belegt das schonungslos. Sie und Ihre gleichgeschal-
tete Presse sind es, die mit ihren Un- und Halbwahrhei-
ten die Gesellschaft spalten und die Menschen gegenei-
nander aufbringen. Ist es Ihnen überhaupt bewusst, was
Sie damit anrichten? Oder, schlimmer noch, ist es Ihnen
egal? In §130 StGB heißt es: "Wer in einer Weise, die
geeignet ist, den öffentlichen Frieden zu stören (...) gegen Teile der Bevölkerung (...) zum Hass aufstachelt
(...) wird mit Freiheitsstrafe von (...) bis zu fünf Jahren
bestraft."*

Das gilt auch für Journalisten.

Karl-Eugen Kaiser

PS: Der Text wird auf FB und weiteren digitalen Medien öffentlich gestellt

Nicht veröffentlicht.

Leserbrief vom 20.09.2018 an die RZ

Die derzeitige Situation in unserem Lande ist eine völlig absurde. Für die sogenannten „Hetzjagden" durch Rechtsradikale gibt es bis zur Stunde nicht einen einzigen belastbaren Beweis. Der sächsische MP, der Generalstaatsanwalt, die Chemnitzer Presse und der oberste Verfassungsschützer, ohne Zweifel der Mann, der über die Vorkommnisse in Chemnitz am besten informiert ist, all diese Genannten bestätigen das.

Und was tut unsere Kanzlerin und ihr Pressesprecher? Sie behaupten das Gegenteil! Es scheint sie dabei nicht zu interessieren, dass sie damit die Bürger einer Stadt, eines Bundeslandes, ja, unser ganzes Volk an den öffentlichen Pranger stellen. Das Ausland reibt sich verwundert die Augen und traut seinen Ohren nicht. In Deutschland herrschen wieder Nazis? Die Kanzlerin hat´s doch bestätigt! Dann muss es doch so sein!

Statt sich darüber zu freuen, dass die erhobenen Vorwürfe der angeblichen Ausländerverfolgung jeglicher Grundlage entbehren und damit ihre Bürger, die Bürger unserer BRD, entlastet sind, suchen Regierung und Kartellparteien geradezu fanatisch nach Beweisen um damit doch noch ihre unhaltbaren Vorwürfe aufrechterhalten zu können. Das eigene Ansehen, ohnehin ruiniert, ist ihnen wichtiger, als international über Jahrzehnte mühsam erworbenes Vertrauen und die Reputation eines ganzen Volkes.

„Ich schwöre, dass ich meine Kraft dem Wohle des deutschen Volkes widmen, seinen Nutzen mehren, Schaden von ihm wenden..." , der Amtseid, den die Kanzlerin geleistet hat. Sie bricht ihn nahezu täglich.

Nicht veröffentlicht.

Leserbrief vom 20.09.2018 an die RZ

Leser Bursian bezichtigt in seinem Leserbrief Hans Georg Maaßen einer „Entgleisung in Trumpscher Manier". Starker Tobak, gerade auch deshalb, weil das, was er ihm vorwirft, jeglicher Grundlage entbehrt. Er attestiert Maaßen eine „Erblindung auf dem rechten Auge", da dieser „Hetzjagden selbst ernannter besorgter Bürger" anzweifelt, eben genau das, was auch der Chefredakteur der „Freie Presse Chemnitz", der Polizeipräsident, der Generalstaatsanwalt und der Ministerpräsident, also jene Personen tun, die über die Vorfälle während des Trauermarsches in der Stadt am besten Bescheid wissen. Alle bestätigen übereinstimmend: Es gab keine Hetzjagden!

Sind diese „Insider" etwa auch alle rechts erblindet? Lediglich ein dubioses 19sekündiges, obendrein verwackeltes Video, soll den Beweis für Ausländerhetzjagden liefern, in welchem nichts weiter erkennbar ist, als dass ein Mann zwei anderen hinterherläuft. Das war`s. Mit vollem Recht zweifelt Maaßen die Beweiskraft dieses Handy-Videos an, dessen Urheberschaft die linksextremistische Antifa Gruppe „Zeckenbiss" für sich beansprucht. Mit einer anderslautenden Aussage hätte er sich lächerlich gemacht.

Bis zum heutigen Tage gibt es trotz verbissener Suche keinerlei Beweise, die das Gegenteil der maaßen'schen Aussage bestätigen. Somit dürfte eines sicher sein: Maaßen hat das gesagt, was Stand der Dinge ist, wenn´s auch u.a. unserer Kanzlerin sowie dem LB-Schreiber nicht gefallen mag. Dafür wird er aus seinem Amt entfernt, wenn auch nicht nach Hause geschickt. Warum das so ist? Das eine wie das andere liegt klar auf der Hand.

Nicht veröffentlicht.

E-Mail an die Redaktion der RZ

Sehr geehrte Damen und Herren,

zum o. a. LB von Herr Bursian hatte ich am selben Tag eine Gegendarstellung mit der Bitte um Veröffentlichung geschickt. Der Sachverhalt ist von Herrn Bursian sehr einseitig dargestellt und enthielt unrichtige Behauptungen. So fühlte ich mich aufgefordert, hierauf mit einem eigenen LB zu antworten.

Leider haben Sie meinen LB nicht veröffentlicht, was für mich die Frage nach dem Grund der Nichtveröffentlichung aufwirft. Der von mir in sachlicher Form abgefasste LB enthält ausschließlich belegbare Fakten und wäre bei Veröffentlichung Beleg ausgewogener Berichterstattung gewesen. Leider ist der Abdruck unterblieben. Eigentlich schade.

Mit freundlichen Grüßen

Karl-Eugen Kaiser

Leserbrief vom 03.10.2018 an die RZ

Umsturzversuch mit Knüppeln und Luftgewehr

„Ihr Ziel war der Umsturz des Rechtsstaats", so ein Zitat aus der RZ zur Festnahme „mutmaßlicher Rechtsterroristen aus Chemnitz". Dem Bericht zufolge hatten die Festgenommen die Absicht, einen größeren Anschlag am Tag der Deutschen Einheit zu verüben und wollten demnach Ausländer, politisch Andersdenkende, Parteienvertreter sowie Medienrepräsentanten angreifen.

Ihr Vorhaben wurde durch die Polizei vereitelt, welche die 7 Männer der sogenannten „Revolution Chemnitz" am Montag festnahm.

Soweit in aller Kürze das spektakuläre Geschehen im Chemnitz des 01.10.. Aus den Presseberichten ergeben sich für den aufmerksamen Leser eine Reihe von Fragen, die nachdenklich stimmen und Zweifel an der medial befeuerten Dramatik des Ereignisses wecken. Die (mutmaßliche) Terrorgruppe hat sich nach Presseverlautbarungen erst im September gegründet, ihr Anführer sitzt bereits seit zwei Wochen hinter Gittern. Somit kann man sie wohl als „kopflos" bezeichnen. Keine guten Voraussetzungen für einen derartigen "Umsturz". Bei der Durchsuchung der Wohnungen der „Terroristen" fand man „mehrere Schlagstöcke und ein Luftgewehr".

Und, wie weiter zu vernehmen war, wollten (!) sie sich halbautomatische Waffen besorgen. Nach Polizeiangaben sollen sie „noch keinen detaillierten Plan" für den beabsichtigen Anschlag gehabt haben. Das scheint ziemlich knapp kalkuliert für einen zwei Tage später stattfinden sollenden „Umsturz". Das gilt auch für die Besorgung der „halbautomatischen Waffen", derer man ja auch noch irgendwie habhaft werden musste, sollte der "Umsturz" gelingen. Mit Schlagstöcken und einem

Luftgewehr ausgerüstet, hätte man sicherlich nicht den beabsichtigen „Erfolg" herbeiführen können.

Zweifelsohne sind das alles suboptimale Voraussetzungen einer als Laientruppe erkennbaren „Terrorvereinigung", welche die Absicht zum Kapern unseres Rechtsstaats, mutmaßlich, verfolgte. Eine Gefahr für den Rechtsstaat stellte sie durch den offensichtlichen Dilletantismus, gepaart mit maßloser Dummheit, gegenüber hochprofessionellem Sicherheitspersonal zu keiner Zeit dar. Das wäre auch die Bankrotterklärung eines wehrhaften Staates gegenüber solchen Chaoten. Man sollte diese Irren in die Psychiatrie einweisen und zur Tagesordnung übergehen, statt die sprichwörtliche Maus zum Elefanten hochzustilisieren und sich damit dem Verdacht geschürter Panikmache mit fragwürdigen Zielen aussetzen.

Nicht veröffentlicht.

Leserbrief vom 17.10.2018 an die RZ

Wunschdenken bringt oftmals die merkwürdigsten Blüten hervor. So auch bei der Beurteilung des Ergebnisses der bayrischen Landtagswahl. Während die CSU mit über 10% Verlust vom Wähler abgestraft wurde, die SPD von 20,6% auf 9,7% abstürzte und sich damit mehr als halbierte, die FDP mit Müh und Not von ihren Wählern über die 5,1% Hürde gehoben wurde, ist, jedenfalls nach bisheriger Diktion, die Partei, die die meisten

Stimmzuwächse hat, also die AfD klarer Wahlsieger.

Sie wird mit satten 10,2% erstmals und aus dem Stand heraus in den bayrischen Landtag einziehen und kann somit dieses Prädikat für sich beanspruchen. Völlig anders sieht das hingegen Leser Paul Weber, indem er in seiner Zuschrift konstatiert: „..dass die AfD ohne Gewinn abschneiden würde."

Der Autor mag sich das wünschen, was sein gutes Recht ist, sollte aber dann doch die unwiderlegbaren Fakten hinnehmen, statt des irreführenden Versuchs, aus einem Gewinn einen Verlust herbeizuschreiben.

Nicht veröffentlicht.

Schreiben vom 29.10.2018 an die RZ,

Zur Weitergabe an Herrn Chefredakteur Burger

Sehr geehrter Herr Burger,

verwundert habe ich mir heute Morgen nach der Lektüre Ihres Kommentars „Hessen zeigt, was in Berlin möglich ist" die Augen gerieben, worin zu lesen ist, dass Sie die Partei „Die Grünen" für den „unumstrittenen Wahlsieger" der hessischen Landtagswahl halten. Nach bisher „unumstrittener" Diktion, ist die Partei Wahlsieger, die die meisten Stimmzuwächse für sich zu verzeichnen hat. Die von Ihnen zum „unumstritte-

nen" Wahlsieger ausgerufene Partei „Die Grünen"
erreichte einen Stimmenplus von 8,7%, während die
Partei „Alternative für Deutschland" mit 9,0%+
punkten konnte. Somit ist die AfD die Partei, der
das Prädikat des „Wahlsiegers" zusteht und eben nicht
die von Ihnen proklamierte Partei „Die Grünen".

Haben Sie mit der Umdeutung des bisher gültigen
Begriffs bewusst Ihre Leser und Abonnenten, ich zähle
auch dazu, hinters Licht geführt, oder welche anderen
Gründe/Motive waren für Sie bei der Vergabe des Sie-
gerpokals entscheidend?

Ich bin sehr neugierig auf Ihre Antwort und bitte Sie
darüber hinaus um eine Richtig-/Klarstellung an pro-
minenter Stelle in Ihrer Zeitung.

Den Text gebe ich frei zur Veröffentlichung als Leserbrief.

Mit freundlichen Grüßen

Karl-Eugen Kaiser

Nicht veröffentlicht.

Leserbrief vom 25.11.2018 an die RZ

Statistik und Realität

Laut Statistik ist die Kriminalität in Deutschland
entgegen der allgemeinen Wahrnehmung seit Jahren rückläufig", Zitat aus einem Artikel in der heutigen RZ.

Liest man das, so gerät man ins Grübeln. Leiden wir Deutschen im Kollektiv unter massenhafter Hysterie, zwanghafter Psychose, pathologischem Verfolgungswahn, wenn wir exakt das Gegenteil dessen wahrnehmen, was uns die Statistik sagt? Ist unsere Wahrnehmung einbetonierter und vergitterter Weihnachtsmärkte, die allgegenwärtige Polizeipräsenz bei Volksfesten, öffentlichen Veranstaltungen, auf Bahnhöfen und in Fußgängerzonen ein Hirngespinst? Sind die inzwischen an fast jeder Ecke angebrachten Videokameras etwa nicht präsent, und damit Ausfluss gestörter Realitätswahrnehmung? Hat nicht, wie kürzlich zu lesen war, das Land stichfeste Schals zum Schutz der Polizeibeamten angeschafft? Ist nicht der Ruf nach immer mehr Polizei alltäglich zu hören? Wird nicht den Frauen zu „einer Armlänge Abstand" und nur zum gemeinsamen Joggen in Parks geraten? Werden nicht in vielen Schulen die Schülerinnen zum Tragen züchtiger Kleidung aufgefordert, um keinen Anstoß bei den „noch nicht so lange hier Lebenden" zu erregen?

Sofern man all diese Fragen wider jeglicher Vernunft verneint und „entgegen der allgemeinen Wahrnehmung" die Kriminalität rückläufig ist, so wären doch all die Maßnahmen, die eben dieser entgegenwirken sollen, nichts anders denn als paradox, als völlig absurd zu bezeichnen. Wie der deutsche Alltag hingegen zeigt, sind sie es nicht. Sie haben ihre volle Berechtigung angesichts einer ernsthaften Bedrohungslage, die bis vor wenigen Jahren im jetzigen Ausmaß in unserem Land unbekannt war. Und so ist denn zu konstatieren, dass Deutschland eben kein sicheres Land mehr ist.

Das zeigt sich auch daran, dass nicht wenige Regierungen ihren Bürgern wegen der vielerorts bedrohlichen Sicherheitslage vor Reisen nach Deutschland abraten und dass das Sicherheitsgefühl unserer Bürger in dem Maße sinkt, in dem auf der anderen Seite tägliche Messerattacken, brutale Überfälle, Massenvergewaltigungen, Ehrenmorde u. v. m. vermeldet werden. Und über diese Fakten kann auch keine noch so glaubwürdig daherkommende Statistik hinwegtäuschen.

Leserbrief vom 11.12.2018 an die RZ

„Warum Migration Wohlstand schafft", so die Überschrift eines Beitrages in der heutigen Rhein-Zeitung, im Subtext: „Kanzlerin Merkel wirbt in Marrakesch mit einem flammenden Plädoyer für umstrittenen Pakt". Kein Zweifel, der Pakt ist „umstritten". Ganz besonders in den Staaten, die sich als Zielländer einer durch den Pakt beabsichtigten Entwicklung sehen. Vor allem klassische Einwanderungsländer wie z. B. die USA und Australien mit dem wohl größten Erfahrungsschatz mit Migration haben sich seiner Annahme verweigert. Sie wissen warum.

Diese Länder als „dumm" zu bezeichnen, wie im Leitartikel geschehen, ist nicht nur anmaßend, dieses Adjektiv fällt auf die Kommentatorin selbst zurück.

Nun schreibt die RZ um Merkels „Kampf um den Zusammenhalt der Weltgemeinschaft" und spricht gar von Deutschlands großer Verantwortung eben dafür. Und, so heißt es im Bericht, „...sie dreht jetzt das (Anmerkung: am?) ganz große Rad...". Geht es nicht eine Nummer kleiner, fragt sich völlig perplex der Leser. Statt vor der eigenen, der nationalen Tür zu kehren, will sie nun das ganz große, das globale Rad drehen? Eine Kanzlerin, die wie kein anderer Kanzler zuvor gespalten hat, die EU mit ihrer Flüchtlingspolitik, unsere Gesellschaft mit eben dieser, ihre Partei, die CDU.

Eine Kanzlerin, die im Dauerkonflikt lebt mit unserem wichtigsten Verbündeten, den USA, die die Konfrontation mit Russland mit ihrer Sanktionspolitik immer weiter aufs neue befeuert, inzwischen über Kreuz liegt mit den Regierungen Polens, Tschechiens, Ungarns, Österreichs, Italiens, alles Länder mit denen wir vor ihrer Kanzlerschaft beste Beziehungen pflegten. Eben diese Kanzlerin der Spaltung fühlt sich verantwortlich für den Zusammenhalt der Weltgemeinschaft? Welch eine Vermessenheit, welch ein Größenwahn, welch ein Widersinn!

Sie will den Pakt unbedingt, jetzt erst recht, heißt es im Artikel, da sie sich nicht von den Rechten treiben lassen wolle. Diese waren es, die verhinderten, dass dieser Pakt klamm heimlich an Volk und Volksvertretung vorbei beschlossen wurde, mit all seinen Auswirkungen, ohne jegliche Diskussion, so ihr Plan. So offenbart sie dann auch nebenbei die tieferliegenden Gründe ihres „flammenden Plädoyers" für den Pakt. Nicht die Migranten sind es, für die sie vorgibt sich einzusetzen, es sind die verhassten Rechten gegen die sie zu Felde zieht. Und die müssen niedergerungen werden, koste es was es wolle.

Um Fachkräfte (woher bitte sollen die kommen?), Wohlstand, Multilateralismus und der Grundlage internationaler Zusammenarbeit ginge es ihr, heißt es im Bericht. Um die Verbesserung des Planeten gar und „eine große Chance für Deutschland". Von Merkels Verbitterung über ihre Isolierung in der Flüchtlingspolitik ist die Rede. Es war doch Frau Merkel höchstselbst, die sich isoliert hat mit ihrer eigenmächtigen Grenzöffnung zum Schaden all unserer europäischen Freunde, welche sie allesamt rücksichtslos mit ihren Alleingängen vor den Kopf gestoßen hat und denen sie hernach mit einer geradezu sprachlos machenden Chuzpe und mit unverhohlenen Drohungen ihre „Gäste" aufs Auge drücken wollte. Auf solche Weise befördert man keinen Zusammenhalt, im Gegenteil, man zerstört ihn.

„Von Solidarität (der USA) keine Spur" und einer „großen Verärgerung in der EU über Österreich" wird berichtet. Die Regierungen der beiden Länder (wie die aller anderen Nichtunterzeichner-Staaten) solidarisieren sich sehr wohl, nämlich mit ihren Bürgern, die sie gewählt haben und denen sie zuvorderst verpflichtet sind. Diese wollen durch Massenmigration entstehenden Schaden von ihren Völkern abwenden. Das ist ihre Aufgabe und die souveräne Entscheidung eines jeden unabhängigen Staates und gerade darum lehnen sie die Annahme dieses Paktes mit guten Gründen ab.

Und wenn in einem weiteren RZ-Artikel vom gleichen Tag „Roboter machen gegen Migrationspakt mobil" die Tatsache als „stimmt nicht" bezeichnet wird, dass Asylsuchende besser gestellt würden als Deutsche, so ist das schlicht die Unwahrheit. Wenn fleißige Deutsche über Jahrzehnte mit ihren Beiträgen die Kassen unserer Sozialsysteme aufgefüllt und damit Leistungsansprüche erworben haben, so ist es doch ohne jede Frage eine Besserstellung Asylsuchender, wenn diese, leistungslos, in gleicher Weise davon partizipieren. Eben das, die Gleichstellung, schreibt aber der Migrationspakt vor. Eine Benachteiligung der Bürger der Aufnahmeländer ist es ebenso, wenn im gesamten Text des Paktes ausschließlich die Rede ist von den Verpflichtungen und Pflichten der Aufnahmeländer. Diesen werden keinerlei Rechte zugebilligt, im Gegensatz zu den Asylsuchenden, die sich der Zubilligung aller Rechte erfreuen dürfen und mit keinerlei Pflichten behelligt werden.

Einigkeit scheint hingegen in beiden Lagern, jenem der Befürworter und dem Ablehner darüber zu herrschen, dass dieses Vertragswerk in großen Teilen aufgrund schwammiger Formulierungen und teils widersprüchlicher Aussagen Interpretationsspielräume bis hin zu völlig gegensätzlichen Bewertungen und Auslegungen eröffnet. Aufgrund des von Experten über viele Verhandlungsmonate erarbeiteten Vertragstextes, scheinen diese nicht zufällig, sondern absichtsvoll gewählt.

Und gerade dieses Faktum sollte unser Misstrauen wecken. Verträge werden geschlossen, um weitgehende Rechtssicherheit der Vertragspartner sicherzustellen. Das ist ihr Sinn und Zweck. Diese hingegen ist beim Migrationspakt mitnichten gegeben, er ist ein Vertragswerk beliebiger Interpretation. Es wird ihn jeder der Unterzeichnerstaaten zu seinem eigenen Vorteil auslegen - außer unserer, der deutschen Regierung. Sie wird ihn übererfüllen, und das eben nicht zum Nutzen unseres Volkes.

Nicht veröffentlicht.

Offener Brief an die Rhein-Zeitung vom 21.12.2018

Sehr geehrte Damen und Herren,

wenn es darum geht, die AfD oder ihre Repräsentanten in ein schlechtes Licht zu rücken, so scheint Ihnen kein Anlass zu banal. Es ist Ihren Lesern gegenüber schon eine Zumutung zu nennen, wenn Sie in einem mehrspaltigen Bericht skandalisieren (Schießtraining!), dass der Bundestagsabgeordnete Petr Bystron bei seinem Südafrika-Besuch einen Schießstand aufgesucht und dort, auch nach eigenem Bekunden, einige Schüsse auf eine Zielscheibe abgegeben hat. Eine derartige Nebensächlichkeit, nichts anderes ist dieser Vorgang, wäre Ihnen bei einem Vertreter der Altparteien keine einzige Zeile wert gewesen; und das völlig zu recht.

Ganz anders, und ein Skandal erster Güte, ist ein Vorfall, der sich dieser Tage an einer Berliner Waldorfschule ereignet hat. Sehr wohl wissend, das unterstelle ich Ihnen, was dort passiert ist (dem Kind eines AfD-Abgeordneten wurde die Einschulung verweigert, weil sein Vater ebendieser Partei angehört, Sippenhaft also), ist bis zum heutigen Tag mit keinem Wort, keiner Zeile in Ihrem Blatt darüber berichtet worden. Lückenpresse nennt man so was heutzutage. Passt dazu: die neue „Spiegelaffäre".

Eine solche Diskriminierung eines unschuldigen Kindes hätte in unserem Land, und auch in Ihrer Zeitung, einen Sturm der Entrüstung auslösen müssen. Hätte! Es war aber eben nur das Kind eines AfD-Abgeordneten, einer Paria Partei, der gegenüber gesellschaftliche und moralische Regeln nicht gelten, die und deren Kinder man nach Belieben diskriminieren, verunglimpfen und beleidigen darf, wo immer nach Ihrer Meinung die Gelegenheit sich dazu bietet. Der Beifall nahezu des gesamten politisch-medialen Komplexes erhält man in solchen Fällen als Belohnung obendrauf. Unvermittelt fühlt man sich an die unseligen zwölf Jahre deutscher Geschichte erinnert, wo eben genau dies mit einer ganzen Bevölkerungsgruppe geschah. Und daran hatte auch die Presse ihr gerütteltes Maß an Anteil.

Ist es nun wieder so weit in unserem Land? Vieles spricht dafür. Besinnen Sie sich und werden Sie Ihrer Verantwortung gerecht. Kehren Sie zu sachlicher Berichterstattung zurück.

Mit besorgten Grüßen

Karl-Eugen Kaiser

Leserbrief vom 04.02.2019 an die RZ

Was sonst?

Zitat: „Der Amerika-First-Präsident (...) der Russland-zuerst-Präsident" (...) , beides wird im Kommentar der RZ „Europäer müssen endlich aufwachen" in einen Topf geworfen, obwohl, oder gerade weil Ersterem dieses selbstverständliche, wenn auch undiplomatisch proklamierte Versprechen seinem Volk gegenüber, den Wahlsieg eingebracht hat (was ihm Politik, Medien, Kirchen und Verbände, insbesondere hierzulande, bis heute und wie´s scheint dauerhaft, schwer übel nehmen. Nicht mal zurücktreten will der Kerl!). Letzterem hingegen scheint es der Kommentator anzukreiden, dass der, allerdings ohne Aufhebens davon zu machen, einfach das tut, wofür er gewählt wurde: er dient in erster Linie seinem eigenen Volk.

Sinn und Zweck des Kommentars liegen erkennbar klar auf der Hand: durch das ebenso alltägliche wie allgegenwärtige Bashing des „Gott-sei-bei-uns" Donald Trump ist dieser in der bundesrepublikanischen Wahrnehmung zum Schwefelbuben (M. Klonovsky), zum Monster, „avanciert" (worden). Von diesem zweifelhaften „Ruhm" muss nun selbstverständlich auch Russlands, in hiesiger Medienlandschaft unbeliebter weil prinzipientreuer Präsident, was abkriegen. So hat der Autor dann auch beide „Übeltäter" kurzerhand auf eine Stufe gestellt, um damit zukünftig nicht mehr mühevoll differenzieren zu müssen. Beide in der gleichen Schublade - das vereinfacht ungemein.

Die überwiegend weniger kritische Leserschaft schluckt´s. Somit Ziel der Übung erreicht. Dass wir, nebenbei bemerkt, derzeit außenpolitisch zwischen allen Stühlen sitzen, viel Feind, viel Ehr, (auch mit vielen unserer einstigen europäischen Freunde hat´s die Kanzerlin vermasselt), und sich ein tiefer Riss durch unsere Gesellschaft zieht, ist dem Autor keiner Erwähnung wert. Daher: statt einer „Deutschland-zuletzt-Kanzlerin" ist gegen-

wärtig für unser Land nichts von größerer Not-
wendig- und Dringlichkeit, als ein/e „Deutsch-
land-zuerst-Kanzler/in". Was sonst?

Nicht veröffentlicht.

Leserbrief vom 11.03.2018 an die RZ

Im Kommentar „Schockierende Reaktionen" vergleicht der Autor die Ermordung einer Frau in
Neuhofen, mit zwei Kopfschüssen durch einen
Mann, mit dem Mordfall in Worms, bei dem eine
21jährige mit einem „langen Küchenmesser", mit
10 bis 15 Stichen in Rücken, Hals, Lunge und Hän-
de von einem kriminellen tunesischen Asyberwer-
ber auf unvorstellbar grausame Weise getötet
wurde. Was man bisher weiß, ist in beiden Fällen
lediglich, dass die Frauen schrecklichen Verbrechen zum Opfer gefallen sind.

 Während der Kommentator im Fall Neudorf,
„...der Beschuldigte (ist) ein Deutscher", von
„normalen" Reaktionen in der Öffentlichkeit
schreibt, beklagt er im Wormser Fall, „...der Beschuldigte (ist) ein Tunesier", eine in Gang kommende „unwürdige Erregungsspirale". Namentlich benennt er dabei die AfD, die eine friedliche
Mahnwache plant. Und kennt auch schon deren
Motive, „...die die AfD-Organisatoren offenbar
haben" - sie „instrumentalisieren" - mal wieder.

Nein, Herr Kuhlen, beide Fälle sind mitnichten vergleichbar. Taten, wie in Neuhofen, lassen sich nicht „verhindern". Auch nicht mit „Diskussionen", wie sie schreiben. Morde gab es schon immer in unserem Land. Damit werden wir auch zukünftig leben müssen. In „Neuhofen" ist es das Verbrechen eines unserer Landsleute. Ganz anders im Wormser Mordfall. Dort hat ein krimineller und vorbestrafter „Schutzsuchender", einer, der hätte abgeschoben werden müssen, der sich illegal in unserem Land aufhält, eine junge Frau bestialisch umgebracht, eine Frau, die noch am Leben wäre, würde unser Staat konsequent handeln. Er, unser Staat, unsere Regierung, trägt die Mitschuld an diesem Verbrechen. Ganz anders in Neuhofen. Den dortigen Mord hätte unser Staat, selbst mit dem besten Willen, nicht verhindern können.

Mit Blick auf die Wormser Bluttat ist auch „eine in Gang kommende Erregungsspirale" keineswegs, wie der Autor schreibt, „unwürdig". Sie ist stattdessen menschlich verständlich, zwangsläufig und die unvermeidliche Konsequenz aus einem fortwährenden und offensichtlichen Staatsversagen, dem schon eine Vielzahl von Menschen in unserem Land zum Opfer gefallen sind, ohne dass sich danach auch nur das Geringste geändert hätte. Und gerade auch nach dem jüngsten Wormser Fall muss der gesamte Themenkomplex brutaler Ausländergewalt auf die politische Agenda - dringendst! Wenn nicht jetzt, wann dann? Wie viele

Menschen in unserem Land müssen denn noch Opfer einer unverantwortlichen Regierungspolitik werden, bevor sich diese wieder der ihr obliegenden Aufgabe, dem Schutz seiner Bürger, annimmt?

Nicht veröffentlicht.

Leserbrief vom 22.03.2019 an die RZ

Ausweislich der Polizeilichen Kriminalstatistik, vorgestellt von Innenminister Lewentz, ging die Zahl der Morde im vergangenen Jahr in Rheinland-Pfalz um die Hälfte zurück. „Alle diese Fälle wurden aufgeklärt", so wird der Minister in einem Bericht in der heutigen Ausgabe der RZ zitiert. Verwundert reibt sich der aufmerksame Leser die Augen, wenn er auf Seite vier derselben Ausgabe die Überschrift liest „Der Mörder von Koblenz ist noch nicht gefasst".

Der bedauernswerte Koblenzer wurde im Erfassungszeitraum der Statistik, heute vor einem Jahr, umgebracht! Wie kann das sein, wurden doch alle Fälle aufgeklärt?! Und - Koblenz ist eine rheinland-pfälzischen Stadt! Sagt der Minister die Unwahrheit oder lügt die Statistik? Und – wie viel Vertrauen kann man Minister und Statistik angesichts des offen zutage liegenden Widerspruchs noch schenken? Und - warum fällt das für Jedermann Offensichtliche der Redaktion der RZ nicht auf? Interessant zu wissen wäre es, wie es um die Wahrhaftigkeit der weiteren statistischen Zahlen bestellt ist. Die Zweifel darüber jedenfalls sind gesät.

Nicht veröffentlicht.

Leserbrief vom 20.04.2019 an die RZ

Zu dem täglichen Trump-Bashing in unserem Land, das inzwischen pathologische Züge angenommen hat:

Er, Donald Trump, wurde vom amerikanischen Volk als sein Präsident gewählt. Und - das amerikanische Volk wird ihn wiederwählen. Und - es wird wissen warum. Und - wir werden keinerlei Einfluss darauf haben. Und – so was nennt man die souveräne Entscheidung eines Volkes. Und - das ist Demokratie. Und - das ist gut so!

Nicht veröffentlicht.

Leserbrief vom 08.05.2019 an die RZ

Zu Ihrem Artikel: „Pompeo gibt Berlin einen Korb"

Zu lesen in der gestrigen Ausgabe einer überregionalen Tageszeitung:

„Die deutsch-amerikanischen Beziehungen sind seit dem Amtsantritt von US-Präsident Donald Trump Anfang 2017 angespannt."

Welch eine bahnbrechende Erkenntnis! Welch eine Neuigkeit! Und für alle, die es (noch) nicht wissen, stellt sich die Frage: was sind die Gründe?

Unser famoser Bundespräsident, der höchste Repräsentant unseres Landes, heißt den demokratisch gewählten Präsidenten, den mächtigsten Mann auf dem Globus und Oberhaupt unseres wichtigsten Verbündeten, Donald Trump, einen Hassprediger. Zu seiner Amtseinführung hat er ihm erst gar nicht gratuliert. Nicht genug damit: dem menschenverachtenden Mullah-Regime in Teheran, dessen erklärtes Ziel die Vernichtung Israels ist, welches in den USA seinen wichtigsten Verbündeten hat, gratulierte Steinmeier zu 40 Jahren islamischer Revolution, eine Geste einem totalitären System gegenüber, die er dem Präsidenten eines demokratischen Staates, den USA, demonstrativ verweigerte. Welch ein Fauxpas!

Abfällige bis beleidigende Äußerungen über Donald Trump von der politischen Elite unseres Landes in regelmäßigen Abständen und eine Presse, die seit seinem Einzug ins Weiße Haus hyperventiliert und keinen Tag vergehen lässt, an dem sie nicht kübelweise Schmutz über seinem Haupt auskippt und, was immer er auch tut, nie auch nur ein gutes Haar, weder an ihm persönlich, noch an seinen politischen Entscheidungen lässt. Dieses respektlose, anmaßende, ungerechte und ehrabschneidende Verhalten (Steinmeier: „Hassprediger") des polit-medialen Komplexes eines politisch nachrangigen Landes und militärischen Gartenzwergs, der einzig verbliebenen Supermacht gegenüber, wird sehr wohl jenseits des Atlantik wahrgenommen - und bleibt, erwartbar, nicht folgenlos.

Nun hat man Frau Merkel und ihren Herrn Außenminister kurzerhand und ohne Begründung ausgeladen und stattdessen eine Einladung an Ungarns Präsidenten Orban geschickt. Der freut sich. Mit Recht. Unsere Regierung hingegen steht nackt und beschämt vor der Weltöffentlichkeit, gedemütigt und beim Wiegen im Konzert der Großen für zu leicht befunden. Welch eine Blamage!

Das war indes absehbar und ist eine Folge abgehobenen Handelns unserer sich maßlos überschätzenden Kanzlerin, einer Regierungschefin, die sich mit dem Großteil unserer europäischen Freunde, ohne Not, überworfen, Russland verärgert, China vor den Kopf gestoßen, die US-Regierung vergrätzt und, das Schlimmste von allem, das deutsche Volk in historische beispielloser Weise gespalten hat. Und diese Frau arbeitet weiter. Zum Schaden ihres Volkes. Und niemand gebietet ihr Einhalt.

Nicht veröffentlicht.

Brief vom 29.05.2019 an den „Wochenspiegel"

An den Wochenspiegel, sw-Verlag, Idar-Oberstein

Sehr geehrte Damen und Herren,
sehr geehrter Herr Desinger,

„Am Rande bemerkt, wachsam bleiben" von Klaus Desinger, Wochenspiegel 22. Woche

Zitat: „Außerdem tut hier (Sachsen und Brandenburg) und überall, wo extrem rechts gewählt wird, Bildung not." (Klaus Desinger)

Ganz offensichtlich herrscht in Ihrer Redaktion und besonders bei Herrn Desinger akuter Bildungsnotstand. Gerade den AfD-Wählern wird in vielen Studien ein überdurchschnittlich hoher Bildungsgrad attestiert, besonders in dem von Ihnen gescholtenen Sachsen, als dem Bundesland höchstem Bildungsgrad bundesweit.

Das trifft in gleicher Weise für die AfD-Abgeordneten im Deutschen Bundestag zu, die sich von ihren Kollegen in den Altparteien gerade durch überdurchschnittliche Bildung abheben und in Relation zur Fraktionsgröße, über die meisten akademischen Titel verfügen. https://www.afdbundestag.de/abgeordnete/

Meine dringliche Bitte an Sie: verzapfen Sie zukünftig keinen derart hanebüchenen Unsinn, bzw. neusprachlich „Fake-News," und tun Sie das, was Sie unberechtigterweise AfD-Wählern vorwerfen:

*Bilden Sie sich - zur Behebung Ihres eigenen Bildungs-
notstands.*

Karl-Eugen Kaiser

Leserbrief vom 07.06.2019 an die RZ

Zum Kommentar von Christian Kunst zum Wahl-
ausgang in Dänemark und der Lage der Sozialdemokratie in Europa und Deutschland

„Es geschehen noch Zeichen und Wunder. Die in
weiten Teilen Europas darniederliegenden Sozialdemokraten können noch Wahlen gewinnen".

So der Kommentar von Christian Kunst in der
heutigen RZ. Dass die Sozialdemokraten in Dänemark einen großen Wahlsieg eingefahren haben,
ist ein Zeichen, ein Wunder ist es mitnichten. Be-
zeichnend hingegen ist der Eiertanz des Kommen-
tators, der sich verbal dreht und windet, um vom
unübersehbaren großen Elefanten inmitten des
Raums abzulenken.

Die dänischen Sozialdemokraten haben aus einem
einzigen Grund die Wahl gewonnen: Sie haben
sich, im totalen Kontrast zu ihrer deutschen
Schwesterpartei, weder der Einsicht, das besagter
Elefant dort, wo er steht, nicht bleiben kann, noch
der Diskussion darüber verweigert, wie man ihn
denn dort wegbekommt.

Mit einem ganzen Maßnahmenbündel haben die dänischen Sozialdemokraten in der Einwanderungs- und Asylpolitik eine 180° Wende vollzogen, die aus ihrer späten, wenn auch nicht zu späten Erkenntnis erwachsen ist, dass Staat und Gesellschaft ein „weiter so" eben „nicht schaffen" und ihr Auseinanderbrechen droht, falls sie hier nicht entschieden gegensteuern.

Und der Wähler, insbesondere der „kleine Mann" hat diese (notwendige) Kehrtwende mit einer überwältigenden Zustimmung belohnt, in der Gewissheit, dass gerade er und nur er es ist, der die Hauptlast einer unverantwortlichen Einwanderungspolitik mit verheerenden Folgen für das gesellschaftliche und soziale Gefüge innerhalb eines demokratischen Staates westlicher Prägung trägt.

Die Sozialdemokratie in unserem Land hingegen verweigert sich hartnäckig den Realitäten und verkennt in ihrer unglaublichen Vermessenheit und Arroganz die Wirkmächtigkeit dieses existenziellen Problems. Sie lässt ihre ehemalige Wählerklientel, den „kleinen Mann" nicht nur allein im sprichwörtlichen Regen stehen, nein, sie verhöhnt ihn noch obendrein, indem sie ihm Wahrnehmungsstörungen attestiert und ihn, gemeinsam mit ihrem Regierungspartner, dreist und skrupellos mit neuen Steuern plündert, ihm gar mit Enteignung seines Wohneigentums droht.

Und, als sei das alles noch nicht genug, traktiert und kujoniert sie den Bürger mit schikanösen und absurden „Umweltlauflagen", verbietet ihm das Fahren auf den Straßen, die er mit seinen Steuergeldern bezahlt hat, um dann aus allen Wolken zu fallen, wenn dieser ihm bei Wahlen seine Zustimmung verweigert. „Hochmut kommt vor dem Fall", diese Weisheit bewahrheitet sich im katastrophalen Absturz einer ehemals stolzen Volkspartei mit einst 46% Zustimmung auf inzwischen magere 13% in Umfragen und weiterem Abwärtstrend.

Außer den noch verbliebenen Genossen hingegen wundert das niemanden im Land.

Nicht veröffentlicht.

Zeitfracht Medien GmbH
Ferdinand-Jühlke-Straße 7
99095 Erfurt, Deutschland
produktsicherheit@kolibri360.de